Angela Ittel · Hans Merkens (Hrsg.)

Interdisziplinäre Jugendforschung

Angela Ittel
Hans Merkens (Hrsg.)

Interdisziplinäre Jugendforschung

Jugendliche zwischen Familie,
Freunden und Feinden

VS VERLAG FÜR SOZIALWISSENSCHAFTEN

Bibliografische Information Der Deutschen Bibliothek
Die Deutsche Bibliothek verzeichnet diese Publikation in der Deutschen Nationalbibliografie;
detaillierte bibliografische Daten sind im Internet über <http://dnb.ddb.de> abrufbar.

1. Auflage August 2006

Alle Rechte vorbehalten
© VS Verlag für Sozialwissenschaften | GWV Fachverlage GmbH, Wiesbaden 2006

Lektorat: Stefanie Laux

Der VS Verlag für Sozialwissenschaften ist ein Unternehmen von Springer Science+Business Media.
www.vs-verlag.de

Umschlaggestaltung: KünkelLopka Medienentwicklung, Heidelberg
Druck und buchbinderische Verarbeitung: Krips b.v., Meppel
Gedruckt auf säurefreiem und chlorfrei gebleichtem Papier

ISBN-10 3-531-14662-9
ISBN-13 978-3-531-14662-1

Inhalt

Vorwort

Die Zusammenfassung einer Diskussion über den Stand der Kindheits- und Jugendforschung ergibt ein disparates Bild (Hübner-Funk/Lüders 2003)[1]. Deutschlands Kindheits- und Jugendforschern wird vorgeworfen, dass ihre Arbeiten keine einheitliche wissenschaftliche Perspektive haben, wenig politischen Biss und geringe Anwendbarkeit für Politik und Gesellschaft beinhalten. Den Kindheits- und Jugendforschern aus den unterschiedlichen Richtungen der sozialwissenschaftlichen Disziplinen mangele es an gegenseitiger Anerkennung und Wahrnehmung ihrer Arbeiten, was die spärlichen und wenig konstruktiven Erkenntnisse und die mangelnde kooperative Weiterentwicklung der Kindheits- und Jugendforschung in der Psychologie, Soziologie und Erziehungswissenschaft begründe.

Dieser Band versammelt Beiträge anerkannter Kindheits- und Jugendforscher aus Deutschland, die im Rahmen einer Vorlesungsreihe am Arbeitsbereich Empirische Erziehungswissenschaft an der Freien Universität Berlin über ihre Arbeiten berichtet haben und damit einen Einblick in ihre Forschungswerkstätten gewährten. Die Autoren sind in der Psychologie, Erziehungswissenschaft und Soziologie beheimatet, doch lassen sich in ihren Berichten leicht Gemeinsamkeiten in ihren Fragestellungen und Ansätzen finden. So schildert *Manfred Hofer* die Veränderungen von Beziehung zwischen Eltern und Jugendlichen anhand einer Analyse des „Diskurshaushalts" in Konfliktgesprächen. Seine Arbeit beschreibt mit Hilfe von detaillierten Kategorisierungen von Gesprächssequenzen, wie sich Jugendliche zwischen ihrem Bestreben nach Individuation und Verbundenheit bewegen. Ebenfalls um Aspekte der gegenseitigen Beziehungsgestaltung geht es in dem Beitrag von *Judith Gerber* und *Elke Wild*. Die Autorinnen geben einen Überblick über unterschiedliche Arten und Verläufe von retroaktiven Sozialisationsprozessen, in dem Bestreben, die herkömmliche unidirektionale Konzeptualisierung von Erziehung aufzuheben. Beide Beiträge orientieren sich an Konzepten aus der Entwicklungspsychologie und Familienforschung zur Beschreibung von Beziehungsgestaltung und Entwicklung im Jugendalter. Aus soziologischer Sichtweise beschreiben dann *Dirk Baier* und *Bernhard Nauck* ähnliche Vorgänge und Sozialisationsprozesse und diskutieren die Bedeutungen des sozialen Kapitals für die Jugendforschung und Implikationen für eine theore-

---

1 Hübner-Funk, S./Lüders, C. (2003): DISKURS – Studien zu Kindheit, Jugend, Familie und Gesellschaft. Jg. 13, H. 1, 34-40.

tische Konzeptualisierung der Jugendphase. *Peter Noack* verknüpft mit seinem Beitrag Themen, die häufig in der soziologisch orientierten Jugendforschung diskutiert werden, nämlich die Entwicklung von Ausländerfeindlichkeit mit Überlegungen aus der entwicklungspsychologischen Sozialisationsforschung, die sich mit den Bedingungen von mikrokontextuellen Prozessen in Familie und Schule beschäftigt. *Hartmut Esser* versucht Verknüpfungen zwischen strukturellen Faktoren und individuellen Faktoren im Assimilationsprozess von Migranten aufzuzeigen und weist auf die unauflösliche Dependenz zwischen diesen beiden Sozialisationsebenen hin. Den Abschluss bildet ein Beitrag von *Angela Ittel*, *Poldi Kuhl* und *Markus Hess* zu traditionellen Geschlechterrollen, in dem sich die Autoren schrittweise einem komplexen makro- und mikrokontextuellen Modell der geschlechtsspezifischen Entwicklung von Problemverhalten nähern.

Die hier versammelten Beiträge geben einen anschaulichen Überblick über Themenschwerpunkte, die derzeit in der Kindheits- und Jugendforschung der Psychologie, Erziehungswissenschaft und Soziologie diskutiert werden. Sie verdeutlichen aber auch, indem sie Gemeinsamkeiten und Unterschiedlichkeiten der einzelnen Arbeitsansätze unterstreichen, die dringende Notwendigkeit der eingeforderten interdisziplinären Zusammenarbeit und den Austausch in Hinsicht auf thematische und methodische Aspekte der Kindheits- und Jugendforschung. Dieser Band möchte dazu einen Beitrag leisten, indem er einen Blick in die Forschungswerkstätten einer interdisziplinären Gruppe von Kindheits- und Jugendforschern gewährt.

Wir möchten an dieser Stelle allen Autoren für die hervorragende Zusammenarbeit danken und natürlich auch Anne Wessel für Ihre unbeschreibbare Geduld, Präzision und ihr hervorragendes Lektorat, ohne die wir diesen Band nicht hätten fertig stellen können.

Angela Ittel und Hans Merkens

Wie Jugendliche und Eltern ihre Beziehung verändern

How adolescents and parents transform their relationship

Manfred Hofer

Zusammenfassung: Thema dieses Beitrags sind das Wechselspiel zwischen den Wünschen der Jugendlichen nach mehr Autonomie und den Erziehungsverantwortlichkeiten der Eltern, die argumentativen Eltern-Kind-Interaktionen in der verbalen Interaktion und die Entwicklung einer symmetrischeren Beziehung mit mehr Autonomie der Jugendlichen. Auf der Basis individuationstheoretischer Überlegungen wurden Konflikt- und Planungsgespräche zwischen Jugendlichen und ihren Müttern, Freunden und Geschwistern ausgewertet sowie Befragungen an Jugendlichen und ihren Müttern durchgeführt. Untersucht wurden die Entwicklung der Beziehung, das Gesprächsverhalten als Ausdruck des Wunsches nach Beziehungsänderung, Typen von Gesprächsverläufen sowie die Folgen von Gesprächen für die Beziehung und die Autonomieentwicklung. Die Ergebnisse zeigen die quantitative Analyse von Diskursen als geeignete Methode, um die sich verändernde Beziehung zwischen Eltern und Kindern nachzuzeichnen.

Abstract: This contribution explores the potential of conflict and planning discourse as a data source in analyzing family interaction. Based on individuation theoretic considerations, four topics are discussed. How do relationship cognitions develop over time? Are observed interaction patterns consistent with participants' subjective accounts of the interaction and relationship? Which types of discourse patterns can be distinguished? Can discourse help to view the process by which individuation progresses within family relationships? Findings suggest that quantitative discourse analysis is a compelling method of exploring the transforming parent-adolescent relationships on both the individual and dyadic levels. Individual discourse categories were able to trace the individuals' perceived relationship features and connect them to the type of discourse that occurred among participants.

In der zweiten Hälfte des letzten Jahrhunderts nahm der Charakter der sozialen Beziehungen in Deutschland weniger hierarchische Strukturen an. Selbständigkeit wird von Kindern in verschiedenen Verhaltensbereichen ab den 1970er Jahren früher erreicht als zur Nachkriegszeit, als die Sozialordnung ökonomisch bedroht war und es galt, angesichts knapper ökonomischer Ressourcen und niedrigen Wohlstands Bescheidenheit und Fleiß zu zeigen. Autonomierelevante Einstellungen und Verhaltensweisen von Eltern und Kindern im Umgang miteinander haben sich seitdem erheblich gewandelt. Selbständigkeit und Selbstverantwortlichkeit als erzieherische Zielvorstellungen gewannen zunehmend an Bedeutung, während Gehorsam und Unterordnung als Ziele zurückgingen. Elterliche

Erziehungsmaßnahmen haben sich liberalisiert (Jugendwerk der Deutschen Shell 1985; Du Bois-Reymond 1994). Und Jugendliche reagieren weniger mit Gehorsam, Anpassung oder Widerstand, sondern versuchen, ihre Eltern zu überzeugen und Kompromisse zu finden.

Die zunehmende Realisierung der Selbständigkeit von Jugendlichen gegenüber ihren Eltern ist kein einsamer Akt, sondern erfordert von Jugendlichen und Eltern Anpassungsleistungen. Wenn Jugendliche ihre Wünsche den Eltern gegenüber inhaltlich vortragen, fordern sie damit mehr Selbständigkeit in der Beziehung ein. Eltern sind gehalten, ihre bisherigen Regelungen zu überdenken, sich von den Wünschen der Jugendlichen überzeugen zu lassen oder zu erklären, warum sie diesen nicht zustimmen wollen. Sie überprüfen ihre Vorstellungen von den Verantwortlichkeiten für ihre „Kinder" und gestehen ihnen eventuell mehr Selbständigkeit zu als bisher. Diese wechselseitigen Beiträge verändern die eingespielte Eltern-Kind-Beziehung, in der Eltern noch eine stärker regulierende Funktion ausüben.

Thema dieses Beitrags sind das Wechselspiel zwischen den Wünschen der Jugendlichen nach mehr Autonomie und den Erziehungsverantwortlichkeiten der Eltern, die argumentativen Eltern-Kind-Interaktionen in der verbalen Interaktion und die Entwicklung einer symmetrischeren Beziehung mit mehr Autonomie der Jugendlichen (Hofer 2003b).

1.   Theoretische Überlegungen

In unserem Kulturkreis kann man davon ausgehen, dass die meisten Eltern und Jugendlichen im Verlauf des Jugendalters – ungeachtet gelegentlicher Eintrübungen ihrer Beziehung – im Allgemeinen Gefühle der Zusammengehörigkeit bewahren und ihr gegenseitiges Vertrauen weiter entwickeln. Auch streben Jugendliche in dieser Beziehung zunehmend nach selbständigem Verhalten in verschiedenen Bereichen. Das wird dadurch gefördert, dass die Eltern ihnen kontinuierlich mehr Freiraum zugestehen. Diese Aussagen gleich bleibender Verbundenheit zwischen Eltern und Jugendlichen, zunehmender Autonomie Jugendlicher und abnehmender Kontrolle der Eltern werden in der aktuellen Literatur unter dem Begriff „Individuationstheorie" (Grotevant/Cooper 1986) weithin geteilt und liegen auch den hier vorgestellten Untersuchungen zugrunde. Dabei wird angenommen, dass im Jugendalter die Beteiligten dazu beitragen, die Eltern-Kind-Beziehung mit ihrem komplementären Charakter in eine Eltern-Jugendlichen-Beziehung mit mehr symmetrischen und reziproken Anteilen umzuwandeln (Smollar/Youniss 1989).

Mit dem Begriff der sozialen Beziehung wird das Verhalten und Erleben bezeichnet, das zwischen zwei (oder mehreren) Personen stattfindet. Beziehungen haben äußere und innere Anteile. Auf der Verhaltensebene werden Beziehungen konstituiert durch soziale Interaktionen innerhalb der Familie. Eine soziale Interaktion ist das wechselseitig aufeinander bezogene Verhalten von zwei oder mehr Personen. Die Interaktion kann auf verbaler oder nichtverbaler Verhaltensebene stattfinden. Eine Interaktionsepisode lässt sich als Verhaltenskette beschreiben. Gespräche sind eine Teilmenge sozialer Interaktionen. Mit dem Begriff des Gesprächs ist weniger ein förmliches Gespräch gemeint, sondern das Miteinandersprechen oder -reden, auch das Sichunterhalten. Wenn soziale Interaktion wiederholt auftritt, beschreibt sie eine Beziehung. Innere Vorstellungen über die Beziehung zu einer anderen Person sind Familienschemata. Schemata über Beziehungen können als Verinnerlichungen sozialer Interaktionen angesehen werden.

Es ist plausibel anzunehmen, dass Gespräche zwischen Partnern Ausdruck der Beziehung der Partner zueinander sind, und dass sie gleichzeitig diese Beziehung bestätigen oder verändern. Soziale Sachverhalte wie die Eltern-Kind-Beziehung und Autonomie entwickeln sich in besonderer Weise in sozialen Handlungen (Tesson/Youniss 1995). Die tägliche Kommunikation in einer Familie, die sich in Konversationen, im Sicherzählen von Erlebtem, in Humor, Widerspruch, Necken, Lästern, Streiten und vielen anderen Umgangsweisen manifestiert und die das tägliche Leben von Familien ausmacht, ist für die Entwicklung keine belanglose Randerscheinung. Die Mitglieder konstituieren darin die Struktur ihrer Familie und stellen ein gemeinsames Verständnis darüber her. In der Beteiligung an den Interaktionen stellt jedes einzelne Familienmitglied seine eigene Position in Abhebung von den anderen heraus. Gleichzeitig kooperiert es mit den anderen zur Konstruktion gemeinsam geteilter Sichtweisen. Jedes neue Ereignis bedarf der erneuten Abstimmung und Verständigung. Die Beteiligten bedienen sich dabei der eingespielten interaktiven Regelmäßigkeiten, über die durch Wiederholung Einvernehmen hergestellt worden war. Es handelt sich dabei nicht um Regeln, die bewusst verabredet werden, sondern die sich herausgebildet haben, weil sie von den Beteiligten routinemäßig angewendet werden. Das Vorhandensein von solchen Routinen ist erforderlich, denn es ist schwer vorstellbar, dass bei jedem neuen Ereignis zuerst der Modus des Umgangs festgelegt wird, bevor die anstehende Sache behandelt wird.

Nach Autonomie strebende Jugendliche zeichnen sich oft dadurch aus, dass sie gezielt Grenzen überschreiten und bisherige Regeln durchbrechen oder zumindest in Frage stellen. Dies kann dazu führen, dass es keine Übereinkunft gibt oder dass eine Übereinkunft nicht fortgeschrieben wird. Die vom komplementären Beziehungsschema ausgehenden Erwartungen der Eltern im Hinblick auf das

Verhalten des Jugendlichen werden in Frage gestellt (Collins 1995). Übereinkünfte, die bislang anstandslos beidseitig getragen wurden, verlieren partiell ihre Gültigkeit und Verbindlichkeit. Durch den Austausch von Gedanken, Wünschen und Gründen bringen sich die Partner – so die Erwartung – auf längere Sicht gegenseitig dazu, ihre bisherigen Vorstellungen über ihre Beziehung zu verändern. Ergebnis sollte zum einen sein, dass ihre Beziehung ausgewogener wird, und zum anderen, dass die Jugendlichen sich hin zu einer von ihren Eltern distinkten Persönlichkeit entwickeln.

In diesem Beitrag interessiert, wie die Beteiligten – Jugendliche wie Eltern – ihren Beziehungsvorstellungen im Gespräch Ausdruck verleihen. Als typische Gesprächsarten werden solche analysiert, in denen ein Konflikt ausgetragen (Konfliktgespräche) und in denen etwas Gemeinsames geplant wird (Planungsgespräche). Eine Besonderheit des vorgestellten Ansatzes besteht in der Vermutung, dass Jugendliche und Eltern Sprache, insbesondere das Argument, als Mittel einsetzen, um die Veränderung ihrer Beziehung zu gestalten. *Argumente* sind Gründe, auf die sich ein Sprecher zur Stützung (Pro-Argument) oder Schwächung (Kontra-Argument) einer Aussage bezieht. Ein Sprecher konstituiert eine Aussage dadurch zum Argument, dass ein Bezug auf eine zu begründende Aussage, den Standpunkt oder die Position des Sprechers, hergestellt wird. Und *Argumentieren* ist der Versuch eines Sprechers, einen Anderen mittels begründender Äußerungen dazu zu bewegen, einen strittigen oder möglicherweise strittigen Sachverhalt zu akzeptieren (Hofer 2003a). Argumentieren wird als jene Teilmenge von Überzeugungsstrategien angesehen, die auf rationaler Basis erfolgen. Insbesondere wird angenommen, dass Jugendliche das Gespräch nutzen, um durch Widerspruch, Vortragen eigener Positionen und deren argumentatives Begründen ihre Vorstellungen von Selbständigkeit zu demonstrieren, ihre Eltern in „Zugzwang" und „Erklärungsnot" zu bringen und sich dem elterlichen Druck zu entziehen. Umgekehrt wird vermutet, dass Eltern in den Gesprächen verstärkt versuchen, durch Fragen, Aufforderungen und Vorschläge „das Heft in der Hand" zu behalten und zu begründen, warum sie in diesen oder jenen Fällen auf ihren Vorstellungen beharren.

Es wird zwischen zwei Arten von Interaktionen unterschieden, die als unterschiedlich wirksam im Hinblick auf die Entwicklung eingeschätzt werden: konstruktive und destruktive Gespräche (Deutsch/Shichman 1986). *Konstruktive Interaktionen* sind dadurch gekennzeichnet, dass die Interaktionspartner versuchen, die aus dem Gleichgewicht geratenen Interaktionen auszubalancieren. Sie treten in Neuverhandlungen ein und streben ein neues Gleichgewicht an, das in angepassten gegenseitigen Erwartungen besteht. Es zeigt einen Fortschritt in der Entwicklung an. In der Folgezeit kann eine partnerschaftlichere Beziehung zu den Eltern ebenso wie mehr Autonomie für den Jugendlichen entstehen. Damit es in Konfliktsituationen zu regulativen Interaktionen kommt, die Erwartungsan-passungen wahrscheinlich machen, müssen nach Piaget (DeVries 1997) zwei Voraussetzungen gegeben sein. Zunächst muss zwischen den Partnern eine posi-tive emotionale Verbundenheit bestehen bzw. erhalten bleiben, sodann müssen die Interaktionen inhaltlich gehaltvoll sein. Erwartungsänderungen, die Verbind-lichkeit beanspruchen, können durch eigene Einsicht eher erreicht werden. Ein-sicht ist dann wahrscheinlicher, wenn im Austausch von Meinungen, Vorschlä-gen, Argument und Gegenargument die Standpunkte erläutert werden. Es ist dann leichter, Ideen zu bestätigen, denen sich beide Partner verpflichtet fühlen, und deren Verpflichtung auch wechselseitig eingefordert werden kann. Eine argumentativ begründete Erwartungsanpassung kann am Ende eine größere Ver-lässlichkeit in der Beziehung bewirken, als wenn Eltern oder Jugendliche durch Druck, Zwang, Überredung, durch Schaffen von Tatsachen, durch Schreien oder Weinen, Bitten und Betteln ihre Vorstellungen durchsetzen.

Sind die Voraussetzungen für konstruktive Interaktionen zwischen Eltern und Jugendlichen nicht erfüllt, dann ist zu erwarten, dass die sozialen Interaktio-nen überwiegend fehlende Reziprozität und Kooperation aufweisen. *Destruktive Interaktionen* entstehen, wenn die Partner in unterschiedlichen Bezugssystemen denken, die eine Einigung in der Interaktion ausschließen, wenn sie Begriffe unterschiedlich definieren oder wenn sie ihre Gesichtspunkte nicht koordinieren. In ihnen herrscht eine feindselige Atmosphäre, und der Austausch von Informa-tionen misslingt. In solchen Fällen dürften Erwartungsanpassungen kaum her-beigeführt werden. Reziprozität fehlt auch dann, wenn ein Partner die Aussage des anderen ausschließlich aufgrund der Autorität oder des Prestiges des anderen oder aus Gefälligkeit als Folge von Einschmeichelung akzeptiert, ohne diese in Wahrheit zu bestätigen. Gefällige Willfährigkeit bewirkt, dass die beiden Partner der Aussage aus unterschiedlichen Gründen zustimmen. Sie zeigt ein Ungleich-gewicht in der Beziehung an.

In diesem Beitrag wird auf der Basis von Gesprächsanalysen und Fragebo-generhebungen auf folgende Fragen eingegangen:

- Lassen sich die von der Individuationstheorie vorhergesagten Verläufe in den Beziehungsschemata von Eltern und Jugendlichen in Ost- und West-deutschland bestätigen?
- Sind familiale Konfliktgespräche dadurch gekennzeichnet, dass Jugendliche ihre Wünsche nach Autonomie und Eltern ihre Kontrollbestrebungen argu-mentativ zum Ausdruck bringen?
- Unterscheiden sich Gespräche von Jugendlichen mit Eltern systematisch von denen mit Freunden und Geschwistern?
- Wie sehen konstruktive und destruktive Gesprächsverläufe aus?

■ Sehen Jugendliche argumentative Gespräche als Mittel zur Veränderung der
   Beziehung?
■ Beeinflussen Gespräche die Selbständigkeitsentwicklung der Jugendlichen?

2. Datenbasis

Zwischen 1988 und 1998 wurden am Lehrstuhl für Erziehungswissenschaft
(Pädagogische Psychologie) der Universität Mannheim mit mehreren Beihilfen
der Deutschen Forschungsgemeinschaft an mehreren Stichproben Konflikt- und
Planungsgespräche an Eltern mit jugendlichen Kindern erhoben. Das Alter der
Jugendlichen war in den verschiedenen Studien unterschiedlich, lag meist zwi-
schen 13 und 20 Jahren. Zwei der Studien waren Längsschnittstudien mit einer
Messung jährlich, die eine ging über zwei Jahre (Alter der Jugendlichen 13-15
Jahre), die andere ging über sechs Jahre (Alter der Jugendlichen 15-21 Jahre).
      Konflikt- und Planungsgespräche wurden evoziert. Und zwar wurden die
Beteiligten gebeten, aktuelle Meinungsverschiedenheiten zu verhandeln oder z.B.
einen gemeinsamen Urlaub zu planen. Es gab Stichproben von Müttern und
Töchtern, Eltern und Kindern beiderlei Geschlechts sowie bei Jugendlichen in
Interaktion mit Freunden oder Geschwistern. Die meisten Stichproben stammten
aus Mannheim und Umgebung, eine Stichprobe stammte aus Leipzig.
      Die Gespräche wurden auf Tonband aufgezeichnet, verschriftlicht und ko-
diert. Zur Auswertung fanden im Wesentlichen zwei Kodiersysteme Verwendung. Das Mannheimer Argumentations-Kategorien-System (MAKS) zur Auswertung von Konfliktgesprächen wurde mit dem Ziel entwickelt, das Interaktionsverhalten in Familien als Ausdruck der Beziehung zwischen Eltern und Jugendlichen und als Bedingung für ihre Weiterentwicklung zu beschreiben. Als
Analyseeinheit wurde eine inhaltlich vollständige Aussage zu einem Sachverhalt
betrachtet. Sie kann bestehen aus einem einfachen „ja" als Reaktion auf eine
Frage bis hin zu komplexen Satzkonstruktionen. Jeder argumentativen Einheit
wurde eine Kategorie aus den Dimensionen Inhalt (z.B. Fakt, Präferenz), Funktion (z.B. Erläutern, Schwächen) und Bezug (z.B. Selbst, Partner) zugeordnet.
Daneben wurden gesprächssteuernde (regulative) Äußerungen in zwei Oberkate-
gorien kodiert: Initiativen (d.h. Aufforderungen und Handlungsvorschläge, Be-
gründungs- und Informationsfragen) und Reaktiven auf Initiativen, mit denen
zugestimmt oder abgelehnt wird (Spranz-Fogasy/Hofer/Pikowsky 1992).
      Als theoretische Basis diente eine Verbindung der Individuationstheorie mit
der Argumentationstheorie. Dieser Zusammenhang wird am Beispiel des Auto-
nomiekonstrukts verdeutlicht: Das Ziel des Jugendlichen, sich als eigene, von
den Eltern abgegrenzte, Person darzustellen (jugendliche Autonomie) bedeutet,

dass er im Gespräch mit den Eltern eigene Standpunkte entwickelt und vertritt. Dies wurde in die beiden Teilziele „Selbstbehauptung" und „Deidealisierung" unterteilt. Von Jugendlichen, die sich selbst behaupten wollen, wird erwartet, dass sie ein selbständiges Gesprächsverhalten zeigen, damit im Gespräch gehäuft Erläuterungen und Begründungen vorbringen, aber auch Präferenzen im Sinne von Vorlieben, Bewertungen und Bezüge auf sich selbst. Im Zuge der Tendenz, sich von ihren Eltern abzugrenzen, indem sie deren Aussagen in Frage stellen (Deidealisierung), wird erwartet, dass sie verstärkt Ablehnungen und Gegenargumente verbalisieren.

Zur Auswertung der Planungsgespräche wurde das System von Grotevant und Cooper (1985) verwendet, das ebenfalls auf der Basis der Individuationstheorie entstand. Die Autoren unterstellten bei der Auswahl sprachlicher Kategorien als Indikatoren für Beziehungstendenzen Jugendlicher und Eltern, dass sowohl Eltern als auch Jugendliche in den Gesprächen ihre Individualität und Eigenständigkeit zum Ausdruck bringen, indem sie den eigenen Standpunkt vortragen und diesen begründen („Selbstbehauptung") sowie Unterschiede zwischen sich selbst und anderen erkennen und benennen („Abgrenzung"). Außerdem wird angenommen, dass die Partner in den Gesprächen ihre Verbundenheit verdeutlichen, indem sie offen sind für andere Standpunkte („Durchlässigkeit"), die Standpunkte der anderen anerkennen und sich damit auseinandersetzen („Gegenseitigkeit").

Daneben wurden von den Beteiligten Daten mit Hilfe von Fragebögen erhoben. Die wichtigsten Variablen waren Beziehungsvariablen, und zwar Abgrenzung (z.B. „Was ich für die Schule oder meinen Beruf tue, ist ganz allein meine Sache"), Verbundenheit (z.B. „Mit meinen Eltern (mit meinem Kind) möchte ich vieles besprechen") und Kontrolle (z.B. „Meine Tochter hat abends zu einer bestimmten Zeit zu Hause zu sein"). Zur Erfassung autonomierelevanter Aspekte der Persönlichkeitsentwicklung Jugendlicher wurden Variablen wie „Selbstwert" (z.B. „Ich bin mit mir zufrieden") und „Autonomie gegenüber Gruppen" (z.B. „Es fällt mir schwer, einer Gruppe gegenüber eine gegensätzliche Auffassung zu vertreten") erfasst.

3. Ergebnisse

3.1 Ergebnisse zur Individuationstheorie

Zur Überprüfung der Individuationstheorie wurde die Entwicklung der Schemata, die Eltern und Jugendliche über ihre Beziehung haben, über einen Zeitraum von fünf Jahren in einer längsschnittlichen Untersuchung an 61 Mannheimer und Leipziger Familien, deren Jugendliche zum ersten Messzeitpunkt 15 und zum vierten Messzeitpunkt 19 Jahre alt waren, überprüft (Hofer/Hick 2003). In beiden Landesteilen wurde der gleiche Verlauf erwartet: gleich bleibend hohe Verbundenheit, ansteigende Autonomie und absinkende elterliche Kontrolle.

Bei der Variable *Verbundenheit* zeigt sich sowohl für die Jugendlichen als auch für die Eltern erwartungsgemäß kein signifikanter Alterseffekt. Bei der Variable *Abgrenzung* von Jugendlichen ergab sich hypothesengemäß über die fünf Messzeitpunkte im Mittel ein signifikanter Anstieg. Die Veränderungen folgen einem linearen Trend. Beim Konstrukt der *elterlichen Kontrolle* ergab sich ein signifikanter Effekt des Messzeitpunktes. Die Mittelwerte gingen über die fünf Messzeitpunkte zurück.

Trotz der aufgetretenen Unterschiede in den betrachteten Variablen ist deren Ausmaß, gemessen an den Effektstärken, nur gering. Insbesondere in der Autonomietendenz ist der Anstieg schwach. Vermutlich hatten die Jugendlichen bereits in den Jahren davor einen Gutteil ihrer Autonomieentwicklung hinter sich gebracht. Die in beiden Landesteilen aufgetretene Lockerung von Kontrolle, die den Jugendlichen zunehmend mehr Möglichkeiten zur Selbstbestimmung einräumt, kann als mittelstarker Effekt bezeichnet werden. Zusammenfassend ist zu konstatieren, dass die Ergebnisse eine Bestätigung der Individuationstheorie erbrachten.

3.2 Ergebnisse zum Argumentieren zwischen Eltern und Jugendlichen

In mehreren Stichproben mit unterschiedlichen personalen Zusammensetzungen der Gespräche wurden *Konfliktgespräche* erhoben (Hofer/Pikowsky 1993). In den verschiedenen Stichproben zeigten sich ähnliche Muster in der Verteilung von sprachlichen Kategorien auf Eltern und Kinder. Die häufigste inhaltliche Kategorie insgesamt war „Fakten". Das lässt darauf schließen, dass die Partner unter Hinweis auf Tatsachen viele Argumente vorbrachten, um den strittigen Sachverhalt jeweils aus ihrer Sicht darzustellen und sich gegenseitig zu überzeugen. Auch sind eine deutliche Zahl von Pro-Argumenten (Begründungen, Erläuterungen) und Gegenargumenten (Schwächungen) erkennbar. So überwiegt der Eindruck, dass die Beteiligten versuchten, ein koordiniertes, kooperatives und sachliches Gespräch zu führen. Eltern versuchten in der Regel stärker als Jugendliche, den Gang der Gespräche zu beeinflussen, während die Jugendlichen komplementär dazu häufig die reagierende Rolle einnahmen. Jugendliche lehnten häufiger Argumente der Eltern ab und schwächten die Argumente der Eltern. Dies entspricht der Erwartung größerer Opposition infolge von Autonomiebestrebungen. Gleichzeitig fällt der hohe Prozentsatz an Argumentakzeptierungen auf, was darauf verweist, dass die Partner neben Abgrenzung und Kontrolle auch Signale von Verbundenheit gaben.

Die Interaktionsmuster von Eltern und Jugendlichen in *Planungsgesprächen* kamen denen in Konfliktgesprächen recht nahe (Hofer 1996). Auch hier wurden bei Jugendlichen häufiger als bei Eltern passive Formen der Gesprächsbeteiligung registriert, sie verbalisierten signifikant häufiger Zustimmungen sowie Ablehnungen und gaben auch häufiger Antworten auf Informationsfragen. Offensichtlich drückt sich auch in Planungsgesprächen rollenspezifisches Verhalten aus. Jedoch sind die Interaktionsmuster in Planungsgesprächen auch durch Besonderheiten gekennzeichnet. Insbesondere war die Negativität, gemessen an der relativen Zahl von Ablehnungen, gering und die Verbundenheit, gemessen an der Zahl von positiven Äußerungen, hoch. Außerdem war die Komplementarität in der Gesprächsführung weniger deutlich. Selbst wenn Eltern das Gespräch in die Hand nahmen, vor allem durch Fragen und Aufforderungen, und die Jugendlichen ihnen diese überließen, so waren die Jugendlichen dennoch initiativ und brachten Vorschläge ein. Bei älteren Jugendlichen war dies besonders ausgeprägt. Hier war in vielen Variablen eine ausgeglichene Verteilung der Sprachkategorien festzustellen. In Konfliktgesprächen stellte sich das komplementäre Muster der Eltern-Kind-Beziehung deutlicher dar als in Planungsgesprächen.

Zusammenfassend zeigten Eltern und Jugendliche beiderlei Geschlechts in Konflikt- und Planungsgesprächen typische Profile sprachlichen Verhaltens. Im Großen und Ganzen stehen sie im Einklang mit den postulierten Zusammenhängen zwischen Beziehungsschemata, die auf der Individuationstheorie basieren, und davon abgeleiteten sprachlichen Verhaltensweisen von Eltern und Jugendlichen. Sie deuten darauf hin, dass Eltern und Jugendliche gemeinsam eine teilweise symmetrische Interaktion aufbauen.

3.3 Ergebnisse zum Argumentieren zwischen Jugendlichen und Freunden oder Geschwistern

Die dargestellten Unterschiede zwischen Eltern und Jugendlichen in Konflikt- und Planungsgesprächen können auch damit erklärt werden, dass Jugendliche unabhängig davon, mit wem sie gerade reden, in der gleichen für sie jeweils typischen Weise kommunizieren. Hinter den ermittelten Unterschieden würde sich dann ein Generationseffekt verbergen. Erwachsene und Jugendliche entstammen unterschiedlichen Generationen, in denen möglicherweise spezifische Sprechstile gepflegt werden. Diese Alternativinterpretation kann geprüft werden, wenn Gespräche der Jugendlichen mit verschiedenen Interaktionspartnern miteinander verglichen werden. Als Interaktionspartner eignen sich in besonderer

Weise Freunde und Geschwister, weil sie der gleichen Generation entstammen und weil zu ihnen teilweise ähnliche, teilweise aber deutlich unterschiedlichere Beziehungen als zu Eltern bestehen.

Die Beziehungsabhängigkeit des interaktiven Sprachverhaltens wird deutlich in der Arbeit von Pikowsky (1998). Verglichen wurden Konfliktgespräche jugendlicher Mädchen mit ihrer Mutter, ihrer jüngeren Schwester sowie ihrer besten Freundin. Gespräche mit der Mutter sollten durch asymmetrisches Interaktionsverhalten gekennzeichnet sein, Gespräche mit der Freundin sollten überwiegend symmetrisch verlaufen und Gespräche mit der Schwester sollten sowohl symmetrische als auch asymmetrische Anteile aufweisen. Schwestern sollten außerdem die Konflikte wesentlich direkter austragen, während von Gesprächen mit Freundinnen erwartet wurde, dass sie den Konflikten ausweichen.

Die Auswertung der Gespräche bestätigte die Erwartungen bezüglich der Partnerabhängigkeit des Interaktionsverhaltens. Diskutierten die Jugendlichen mit ihren besten Freundinnen, dann gestalteten sie das Gespräch im Vergleich zu Gesprächen mit der Mutter deutlich akzeptierender und weniger kontrovers. Interessant ist, dass die mit Freundinnen vorgebrachten Argumente weniger Tatsachen, dafür mehr subjektive Einschätzungen enthielten als in den Gesprächen mit Müttern (und im Falle der Einschätzungen auch mit Schwestern). Hier ging es offensichtlich weniger um Informationen als um subjektive Sachverhalte und Bewertungen. Im Gespräch mit der jüngeren Schwester zeigten die älteren Schwestern ein Verhalten ähnlich der Mutter im Gespräch mit ihnen: sie übernahmen die Gesprächskontrolle, drängten die Schwester in die reaktive Rolle und führten mehr Begründungen und Argumente an. Die älteren Schwestern übernahmen gewissermaßen Teile der Mutterrolle.

Die Ergebnisse legen nahe, das Gesprächsverhalten Jugendlicher als abhängig vom jeweiligen Partner zu charakterisieren, ein Ergebnis, das auch in einer Untersuchung bestätigt wird, in die Eltern und Jugendliche beiderlei Geschlechts einbezogen wurden (Noack/Fingerle 1994). Der Befund erhält besonderes Gewicht durch die intraindividuelle Konstanz des Sprachverhaltens in verschiedenen Gesprächsformen (siehe oben), solange der Partner der gleiche ist. Das bedeutet, dass verbale Interaktionen stärker abhängig sind vom jeweiligen Partner und damit von der Beziehung, in der man zum Partner steht, als von der jeweiligen Situation und der damit verbundenen Zielsetzung des Gesprächs.

Wahrscheinlich werden in Interaktionen mit Geschwistern und mit Freunden Beziehungsschemata im Sinne von Reziprozität und gegenseitigem Verständnis entwickelt. Denn in Interaktionen mit Gleichaltrigen besteht prinzipielle Gleichheit für den freien Austausch von Gedanken. Daneben verfügen Jugendliche über ein auf Interaktionen mit Eltern und anderen Erwachsenen basierendes unilaterales, durch Hierarchie geprägtes Beziehungsschema. Der Aufbau eines symmetrischen Beziehungsschemas versetzt Jugendliche zunächst in die Lage, mit den beiden Beziehungsschemata zu spielen. Das kann als ein wichtiger Lernprozess angesehen werden. Mit Youniss (1980, 33) kann man darüber hinaus auch annehmen, dass Jugendliche versuchen, die beiden Beziehungsschemata zu integrieren. Sie distanzieren sich zunehmend vom asymmetrischen Schema mit der Konsequenz, dass sie kooperative Prozeduren auch in ihren Interaktionen mit Eltern und anderen Erwachsenen anwenden. Sie sind jetzt zunehmend selbst in der Lage, die Welt zu verstehen und sind nicht mehr auf Erklärungen durch Erwachsene angewiesen. Damit ist der Boden für eine Entwicklung zu einem autonomen Selbst vorbereitet.

3.4 Ergebnisse zu Gesprächsverläufen

Wie Partner ihre Gespräche gestalten, macht sich nicht nur in der Häufigkeit bemerkbar, mit der sie einzelne Gesprächskategorien relativ zum Partner verwenden, sondern in besonderer Weise auch im Ablauf der Gespräche. Gespräche sind Ereignisse in der Zeit, und ihre Verläufe können für die Frage bedeutsam sein, welchen Stellenwert das Miteinandersprechen für die Beziehung der Partner und für ihre Entwicklung hat. Spranz-Fogasy und Fleischmann (1993) haben anhand von 56 Konfliktgesprächen zwischen Müttern und Töchtern die Frage gestellt, wie die Beteiligten die im Gespräch zu lösenden Interaktionsaufgaben bewältigen. Ziel war es, Gesprächsverläufe mit konstruktivem und destruktivem Charakter zu unterscheiden und Variationen innerhalb dieser Kategorien zu identifizieren. Als Ergebnis wurden sechs Gesprächsverläufe identifiziert, zwei konstruktive (N = 32) und vier destruktive Verläufe (N = 24):

Aneinanderreihen. Der erste Typus von Gesprächsverläufen besteht darin, dass die Partner einen komplexen Konfliktgegenstand während des Gesprächs in verschiedene Teile unterteilen. Diese Teile werden nacheinander diskutiert und sukzessive abgearbeitet. Ein kohärentes Reihungsprinzip ist jedoch nicht ersichtlich.

Stufen/Trichtern. Die Teilnehmer, deren Gespräche dem zweiten Typ von Gesprächsverläufen zugeordnet wurden, unterschieden ebenfalls verschiedene Aspekte des komplexen Konfliktthemas und diskutierten diese getrennt. Hier wurden die einzelnen Punkte außerdem durch ein abstraktes Gliederungsschema zu ordnen versucht und/oder sie wurden explizit in einen Zusammenhang gebracht. In diesen Interaktionen ist Kooperation vorhanden, indem die Beteiligten sich gemeinsam der Behandlung der Aufgabe zuwenden. Zum anderen zeigt sich Reziprozität darin, dass sich Mütter und Töchter ohne einseitigen Zwang den sachlichen Aspekten der Thematik widmen. Demnach ist zu erwarten, dass Gespräche dieser Art Entwicklungsfortschritte auslösen. Die angebotenen Informationen (Tatsachen) können das Wissen des Anderen erweitern und zum Überdenken seiner bisherigen Einstellungen veranlassen.

Dissoziieren. Die Teilnehmer orientierten ihr Gespräch zunächst am Thema, verließen aber bald den Ausgangspunkt. Das Gespräch wurde erweitert und bezog sich auf weitere konfliktäre Punkte, die aber keinen Bezug zum Thema aufwiesen. Die besprochenen Themen waren nicht durch einen inneren Zusammenhang miteinander verbunden. Für Deutsch (1976) ist „Sichausbreiten" ein typisches Merkmal destruktiver Konflikte. Der Konflikt mache sich von seinen anfänglichen Ursachen unabhängig und verlagere sich ständig auf neue Themen, die zwischen den Teilnehmern ebenfalls strittig sind.

Im-Kreise-Drehen. Bei diesem Gesprächsverlauf erreichen die Teilnehmer keinen nennenswerten inhaltlichen Fortschritt. Oder sie kommen einen Schritt voran, um immer wieder auf der Stelle zu treten. Es herrschen Wiederholungen, Paraphrasierungen, Unterbrechungen und Pausen vor. Zwar besteht eine Bereitschaft zur Diskussion, auch ist das Thema als kontroverses identifiziert, aber ein argumentativer Fortschritt ist nicht erzielbar.

Die beiden vorangehenden Gesprächsverläufe können nicht als konstruktiv bezeichnet werden, weil sie keine Fortschritte zeigen. Gleichwohl zeigen sie Ansätze einer gemeinschaftlichen Problembearbeitung, in der Kooperation und Reziprozität deutlich werden. Dies scheint bei den folgenden und letzten beiden Typen nicht zuzutreffen.

Auflaufenlassen/Blockieren. Bei Gesprächsverläufen des Typs Blockieren strebt ein Partner ein schrittweises Vorankommen an, während der andere jeden Fortschritt abblockt. Er widerspricht, verneint und akzeptiert sozusagen kein einziges Wort des Anderen. Dadurch wird verhindert, dass die Interaktionsaufgaben bearbeitet werden können. Die Bereitschaft zur Konfliktaustragung ist nicht gegeben.

Dominieren. Auch dieser Gesprächsverlaufstyp wird durch die Aktivitäten eines Partners definiert. Darin lässt sich eine deutliche inhaltliche und interaktive Entwicklung feststellen. Diese wird jedoch nur von einem Partner vorangetrieben. Er bewältigt die Interaktionsaufgaben durch Abstraktion, Zusammenfassungen und interaktionale Übergänge. Der andere Teilnehmer folgt dem Vorgehen, trägt aber zur Entwicklung kaum etwas bei. Es ist unklar, ob die Partner bereit sind, an der Konfliktbehandlung mitzuwirken. Auf jeden Fall finden gemeinsame Anstrengungen nicht statt.

Die letzten beiden Typen von Gesprächsverläufen traten bei Familien mit jüngeren Töchtern (12- bis 14-Jährigen) signifikant häufiger auf als bei Familien mit älteren Töchtern (15- bis 22-Jährigen). Sie zeichneten sich durch höhere Redeanteile der Mütter aus. Die Töchter äußerten sich häufiger reaktiv als in den beiden anderen destruktiven Gesprächsverläufen. Das Ausmaß an Argumentativität war hier besonders niedrig. In den beiden letzten Typen wird offenbar einseitig Zwang ausgeübt.

Da diese Gespräche häufiger bei jüngeren Töchtern auftraten, ist denkbar, dass die Mütter von der plötzlichen Widerspenstigkeit ihrer Töchter überrascht und verunsichert wurden (Collins 1995). Sie suchen nach neuen Formen des

Umgangs und reagieren zunächst durch Verschärfung von Kontrolle. Im Sinne der Individuationstheorie kann angenommen werden, dass in solchen Interaktionen neben einer hohen einseitigen Kontrolle auch eine geringe Verbundenheit zum Ausdruck kommt. Eine Beziehung, in der dauerhaft einseitiger Zwang ausgeübt wird, dürfte für die Entwicklung der Eltern-Kind-Beziehung und der Autonomie eher hinderlich sein.

3.5 Ergebnisse zu Folgen von Gesprächen für die Beziehung

Die Frage, ob Gespräche das Beziehungsschema hin zu mehr Beidseitigkeit verändern, wurde untersucht, indem Jugendliche und Eltern danach befragt wurden, inwieweit sie eine Veränderung ihrer Beziehung wahrnehmen und ob sie glauben, dass die Gespräche zwischen ihnen dazu beigetragen haben. Dies erfolgte zum einen mittels intensiver qualitativer Einzelinterviews an Müttern und Töchtern oder Söhnen im Alter zwischen 14 und 18 Jahren, zum anderen durch einen Fragebogen (Hofer 2003b).

In der Interviewstudie wurden die Beteiligten gefragt, wie sie ihre Beziehung wahrnehmen, wie zufrieden sie damit sind, welche Art von Beziehung sie anstreben und welche Zusammenhänge sie zwischen ihrem Verhalten in Konfliktgesprächen und der angestrebten Beziehung sehen. Vorstellungen über die Art der angestrebten Beziehung wurden zum Beispiel durch die Frage ermittelt: „Was möchtest Du gerne an der Beziehung zu deiner Mutter ändern?" Um die Mittel zu erfassen, die zur Veränderung eingesetzt werden, wurde gefragt: „Wie versuchst Du, die Beziehung zu Deiner Mutter zu ändern?" Im Hinblick auf die eingesetzten sprachlichen Mittel lautete die Frage: „Auf welche Art und Weise versuchst Du, deinen Standpunkt klarzulegen?" Den Müttern wurden im Prinzip die Fragen zu denselben Konstrukten gestellt, zusätzlich wurden sie über Erwartungsdiskrepanzen befragt: „Was erwarten sie von ihrem Kind?"

In einer Fragebogenstudie wurden bei Jugendlichen (mittleres Alter 15 Jahre) die Konstrukte „Autonomie", „Verbundenheit", „Veränderung der Zufriedenheit mit der Beziehung", „Diskrepanz zwischen aktueller und gewünschter Beziehung", „wahrgenommene Symmetrie", „Veränderung im Konflikt" und „Argumentieren als Mittel" erfasst.

Die Ergebnisse beider Untersuchungen werden zusammen berichtet. Jüngere Jugendliche zeigten sich mit ihrer Beziehung zufrieden und äußerten niedrige Abgrenzung und hohe Verbundenheit. Sie gaben einen geringen Anstieg von Konflikten an. Die Mütter beschrieben die Beziehung in einer dazu komplementären Weise. Etwas ältere Jugendliche beschrieben einen Anstieg in der Unzufriedenheit und in Konflikten. Sie gaben an, Konflikte argumentativ zu lösen, bezeichneten ihre Beziehung als komplementär und ihre Gespräche als asymmetrisch. Aber sie zeigten eine geringe Zufriedenheit damit und wünschten eine Veränderung. Zum Beispiel sagte eine Tochter: „Meine Mutter behandelt mich immer noch als ein Kind. Ich mag das gar nicht. Ich brauche mehr Freiheit". Diese Jugendlichen strebten eine gleichberechtigte Beziehung an (z.B. „Ich würde mir wünschen, dass sie mehr akzeptiert, dass ich halt meine Freiräume brauche, dass sie mich nicht dauernd zwingt, irgendwelche Sachen für die Schule zu machen"). Sie glaubten, dass sie in Gesprächen eine Änderung der Beziehung erreichen können (Beispiel: „Ja, schon immer (diskutiere ich), sonst kann man ja nichts verbessern" oder „Ich konnte meine Argumente vorbringen, ich konnte ihr sagen, wie ich das sehe und warum"). Die Mütter erlebten Erwartungsdiskrepanzen (z.B. „Manchmal bekomme ich einen Zorn, dass da nichts läuft, was ich zu ihm sage") und gaben ebenfalls an, das Gespräch zu nutzen, um die Beziehung zu klären (z.B. „Dann reden wir normal darüber, dann versuchen wir das eigentlich zu lösen"). Wieder ältere Jugendliche beschrieben ihre Beziehung als verständnisvoll und ihre Gespräche als symmetrisch. Sie gaben einen Rückgang von Konflikten an. Sie sahen sich als autonom, z.B. „(In der Schule) mache ich es so, wie ich es will, was für mich in Ordnung ist. Ja, ich bin sehr zufrieden damit". Sie zeigten sich mit dieser Beziehung zufrieden und erinnern sich daran, dass diese Beziehung früher asymmetrisch und konflikthaft war (z.B. „Das war früher viel schlimmer (mit dem Streiten)"). Sie sehen, dass die Mutter geringe Kontrolle ausübt (z.B. „Sie macht mir überhaupt keine Vorschriften"). Die Sichtweisen der Mütter entsprachen dem, und sie berichteten nicht über Erwartungsdiskrepanzen. Sie hatten ihre Kontrolle gelockert (z.B. „Vor drei Jahren sagte ich zu ihr, dass sie die Verantwortung (für die Schule) jetzt mehr oder weniger alleine trägt. Ich konnte etappenweise Verantwortung abgeben" oder „Ich würde sagen, dass es überstanden ist (die Probleme). Er hat so eine Linie für sich gefunden (...) all diese Dinge für die Schule. Jetzt ist die Beziehung entspannter als vor einem Jahr").

Zusammenfassend kann gesagt werden, dass sowohl Eltern als auch Jugendliche sehr gut in der Lage sind, ihre Beziehung zu beurteilen. Mütter und Jugendliche sind sich über die Qualität ihrer gegenwärtigen Beziehung bewusst. Sie hatten keine Probleme anzugeben, wie die Beziehung früher war und welche Beziehung sie anstreben. Auch sahen beide Personengruppen „Argumentieren" als ein Mittel zur Veränderung der Beziehung an. Inhaltlich bestätigen die Ergebnisse die Annahmen der Individuationstheorie recht deutlich und werfen darüber hinaus ein Licht auf den Transformationsprozess.

3.6 Ergebnisse zu den Folgen von Gesprächen für die Selbständigkeitsentwicklung

Hand in Hand mit einer positiven Entwicklung der Eltern-Jugendlichen-Beziehung sollte auch eine Entwicklung des Jugendlichen zu mehr Autonomie und persönlicher Reife erfolgen. Diese Frage wurde geprüft, in dem in der längsschnittlichen Stichprobe Zusammenhänge zwischen dem Gesprächsverhalten in der Familie und ausgewählten Merkmalen der psychosozialen Entwicklung der Jugendlichen ermittelt wurden (Hofer 2003b). Und zwar wurden anhand der Gespräche zum ersten Messzeitpunkt, als die Jugendlichen im Mittel 15 Jahre alt waren, mit Hilfe einer Clusteranalyse Typen von Familien mit unterschiedlichen Werten in den argumentativen Variablen „Begründen" und „Erläutern" in Konfliktgesprächen identifiziert. Es resultierten drei Familiengruppen, die sich im Ausmaß des Argumentierens unterschieden. Anschließend wurde geprüft, ob sich die Jugendlichen aus den ermittelten Clustern in Variablen unterschieden, die als Maße für „Selbständigkeit" ausgewählt worden waren. Und zwar wurde der Frage nachgegangen, ob die Clusterzugehörigkeit zum ersten Messzeitpunkt eine Veränderung der Persönlichkeitsvariablen in den darauf folgenden zwei Jahren vorherzusagen in der Lage ist. Es zeigte sich, dass der Zuwachs an Selbstwert in den beiden Jahren bei den Jugendlichen dann am größten war, wenn die Zahl der argumentativen Äußerungen von Jugendlichen und Eltern im Konfliktgespräch hoch war. Dieses Ergebnis stützt die Annahme, dass Familien, in denen auf beiden Seiten viel argumentiert wird, bei Jugendlichen eine Entwicklung zu mehr Selbständigkeit fördern. Das muss nicht unbedingt bedeuten, dass das Argumentieren auf hohem intellektuellem Niveau erfolgt, doch ist anzunehmen, dass in diesen Familien ein etwa gleich verteilter Fluss von Informationen und Meinungen erfolgt. Diese Aussage ist auf die Familien einzuschränken, die in der vorliegenden Altersgruppe von Spätadoleszenten noch dabei sind, ihre Beziehung neu zu definieren.

Der Fluss von Informationen ist zwar eine notwendige, aber keine hinreichende Bedingung für konstruktive Gespräche. Notwendig ist außerdem eine akzeptierende Grundhaltung der Beteiligten. In einem weiteren Zugang wurden deshalb nicht nur jene Kategorien einbezogen, die im engeren Sinne argumentativ sind, sondern alle Kategorien der Dimension der Argumentfunktion. Die Familien in unterschiedlichen Clustern unterschieden sich in dem Ausmaß, in dem die Partner ihre Äußerungen wechselseitig anerkennen. Anschließend wurde geprüft, ob die Clusterzugehörigkeit zum ersten Messzeitpunkt eine Veränderung der Persönlichkeitsvariablen in dem darauf folgenden Jahr vorherzusagen in der Lage ist. Es zeigte sich, dass der Zuwachs an Autonomie gegenüber Gruppen in dem Jahr bei den Jugendlichen dann am größten war, wenn in der Familie die

Zahl zustimmender Äußerungen von Jugendlichen und Eltern im Konfliktgespräch hoch war. Jugendliche aus Familien mit einer relativ hohen wechselseitigen Anerkennung der Argumente zeigten zwischen dem ersten und zweiten Messzeitpunkt einen höheren Zuwachs in der Variable Autonomie gegenüber Gruppen.

Nimmt man die Befunde der Analysen zusammen, dann fällt auf, dass ein argumentatives und ausgewogenes Miteinandersprechen von Eltern und Jugendlichen zu einer Steigerung des Selbstwertes der Jugendlichen führt, und dass anerkennendes Gesprächsverhalten ein autonomes Verhalten anderen gegenüber zu fördern scheint.

4. Zusammenfassende Diskussion

Die Ergebnisse des dargestellten Forschungsprogramms können so zusammengefasst werden, dass sie genauere Aufschlüsse darüber enthalten, was man sich unter einem familialen „Diskurshaushalt" vorzustellen hat. Zunächst bestätigt sich die Individuationstheorie: Bei Familien mit Jugendlichen liegt eine durchschnittlich konstant hohe gegenseitige Verbundenheit (allenfalls mit leichten Einbrüchen) vor, kommt es zu einem Anstieg des Autonomieschemas bei Jugendlichen, und die elterliche Kontrolle sinkt. Das Aufeinanderstoßen von Autonomie und Kontrolle führt zu Unzufriedenheit mit der Beziehung und zu Konfliktgesprächen, in denen Jugendliche in ihrem Sprachverhalten ihre Ansprüche argumentativ zum Ausdruck bringen. Dieses Sprachverhalten ist nicht etwa jugendtypisch, sondern typisch für die Eltern-Kind-Beziehung im Jugendalter. Sie trifft nicht zu auf die Interaktion mit Freunden und Geschwistern. Die Interaktionen weisen sowohl konstruktive als auch destruktive Elemente auf, die sich in unterschiedlichen Verläufen festmachen lassen. Subjektive Daten lassen vermuten, dass die Jugendlichen im Gespräch versuchen, ihre Beziehung von einer asymmetrischen zu einer tendenziell ausgeglichenen Beziehung zu transformieren.

Die Ergebnisse liefern in Verbindung mit Befunden aus der Literatur zusammenfassend Anhaltspunkte für die Konzeption eines *idealisierten Phasenmodells des Transformationsprozesses* der Eltern-Kind-Beziehung. Vereinfachend wird angenommen, dass Eltern und Jugendliche im Normalfall die folgende Schrittfolge durchlaufen, und dass sie auf jeder Stufe jeweils den Status „erfüllt" oder „nicht erfüllt" annehmen können. Der Status „erfüllt" gilt als Voraussetzung für eine positive Entwicklung. Ist die jeweilige Bedingung erfüllt, so kann der nächste Schritt stattfinden. Ist sie nicht erfüllt, so wird eine abweichende, suboptimale Entwicklung vorausgesagt.

Das Verlaufsmodell setzt voraus, dass, bevor es zu einer Veränderung kommt, Eltern und Kinder mit der asymmetrischen Eltern-Kind-Beziehung zufrieden sind. Eltern und Kinder weisen eine hohe Verbundenheit auf, die Eltern sind bestrebt, das Verhalten ihrer Kinder im Auge zu behalten, und das Autonomieschema der Kinder ist gering ausgeprägt. Man könnte diesen Zustand als die Stufe 0 bezeichnen.

(1) *Beginn des Transformationsprozesses.* Die Transformation beginnt damit, dass die Kinder/Jugendlichen ihr Verhaltensrepertoire spürbar erweitern. Sie verbringen mehr Zeit außer Haus und mit Freunden. Auch die Art ihrer Aktivitäten verändert sich.

(2) *Die kognitive Reaktion der Eltern.* Die Eltern nehmen die Veränderungen im Verhalten ihrer Kinder wahr und erleben Diskrepanzen zwischen diesem neuen Verhalten und ihren Erwartungen. Die Erwartungen der Eltern, die sie auf der Grundlage ihrer bisherigen Erfahrungen und ihrer Vorstellungen über ideale Kinder in diesem Alter gebildet haben, passen nicht zum Verhalten ihrer Kinder. Sie reagieren zunächst überrascht und benötigen eine Weile, um die neue Situation einzuschätzen.

(3) *Die Verhaltensreaktion der Eltern.* Als Ergebnis ihrer Überlegungen im Anschluss an Diskrepanzerfahrungen akzeptieren Eltern das erweiterte Verhaltensrepertoire ihrer Kinder in einigen Bereichen, in anderen dagegen melden sie Bedenken und Vorbehalte an (Smetana 1988).

(4) *Unzufriedenheit der Jugendlichen und Anstieg des Autonomieschemas.* Der nächste Schritt beruht auf der Annahme, dass die Jugendlichen, die bei ihren Eltern ob des veränderten Verhaltens Missbilligung erfahren, sich in ihren Autonomieansprüchen eingeschränkt fühlen und Unzufriedenheit mit der Beziehung entwickeln. Sie nehmen die Asymmetrie in der Beziehung zu ihren Eltern wahr und fühlen sich eingeengt. Die Unzufriedenheit kann sich in allgemeinem Unmut, Trotz, Beleidigtsein oder Rückzug ausdrücken.

(5) *Ausbildung autonomieunterstützender Kognitionen bei Jugendlichen.* Die Jugendlichen bilden Kognitionen aus, mit denen sie ihre Autonomieansprüche unterstützen. Sie bilden, z.B. auf der Basis ihrer Erfahrungen mit Freunden, andere Erwartungen über die gewünschte Beziehung zu ihren Eltern aus. Sie entwickeln Vorstellungen über ihre Rechte, über Gleichheit, Gerechtigkeit und Verantwortlichkeit in verschiedenen Lebensbereichen.

(6) *Konfliktanstieg.* Die vorausgehenden Schritte münden in einen Anstieg an Konflikten zwischen Eltern und Jugendlichen. Sie beschränken sich auf jene Verhaltensbereiche, in denen Eltern und Kinder keine Übereinstimmung darüber erzielen, bei wem die Verantwortlichkeit liegt. Wichtig ist die Frage, wie diese

Konflikte ausgetragen werden. In Konflikten können Vorstellungen von Gleichheit, Gerechtigkeit und Verantwortlichkeit weiter gebildet, entwickelt und ausgehandelt werden.

(7) *Konstruktive Diskussionen.* Der Transformationsprozess wird vermutlich gefördert, wenn Eltern ihre Meinung äußern und sie begründen, aber auch danach suchen, die Sicht der Jugendlichen zu erfahren und ihnen Begründungen abverlangen, wenn Jugendliche ihre Autonomieansprüche nicht nur geltend machen, sondern auch begründen, und wenn ein fairer argumentativer Austausch von Gedanken und Bewertungen stattfindet und gleichzeitig die Partner sich gegenseitig wertschätzen und ernst nehmen. Die Gespräche erleichtern dann die Anpassung der Beziehungsschemata beider Partner an die neue Situation. Eltern und Kinder definieren übereinstimmend Verantwortlichkeiten über Verhaltensbereiche.

(8) *Das Ergebnis.* Jugendliche nehmen das veränderte elterliche Verhalten wahr. Es entsteht eine Beziehung, die sich stärker als zuvor durch Symmetrie, Gleichheit und gegenseitiges Eingehen auf Wünsche auszeichnet. In dieser Beziehung ist immer noch ein gewisses Maß an Hierarchie enthalten, aber die gemeinsamen Bemühungen auf der sozialen und kognitiven Ebene haben zu einer Weiterentwicklung der Beziehungsschemata und zu einer Änderung der Interaktionsformen geführt.

Das analytische Modell, das bewusst auf Altersangaben verzichtet, orientiert sich an den Grundannahmen der Individuationstheorie, geht dann darüber hinaus, indem es die Zwischenschritte auf den Ebenen der subjektiven Wahrnehmung der Beteiligten und der Art der Interaktionen zwischen ihnen präzisiert und in eine hermeneutisch stimmige Abfolge bringt. Es sieht die Möglichkeit von Zwischenstadien vor, in denen Abgrenzungsbestrebungen steigen und in denen Konflikte emotionale Verschärfungen erfahren können. Die Schritte sind kleinschrittig konzipiert, um die dabei beteiligten Teilprozesse herauszustellen. Einzelne Schritte können auch gleichzeitig ablaufen.

Literatur

Collins, A. W. (1995): Relationships and development: Family adaptation to individual change. In: Shulman, S. (Ed.): Close relationships and socioemotional development, Vol. 7. New Jersey: Ablex, 128-154.

Deutsch, M. (1976): Konfliktregelung. München: Reinhardt.

Deutsch, M./Shichman, S. (1986): Conflict: A social psychological perspective. In: Hermann, M. (Ed.): Political Psychology. San Francisco: Jossey-Bass, 219-250.

DeVries, R. (1997): Piaget's social theory. In: Educational Researcher, 26, 2, 4-17.

Du Bois-Reymond, M. (1994): Die moderne Familie als Verhandlungshaushalt. Eltern-Kind-Beziehungen in West- und Ostdeutschland und in den Niederlanden. In: Du Bois-Reymond, M./Büchner, P./ Krüger, H.-H./ Ecarius J./Fuchs, B. (Hrsg.): Kinderleben. Modernisierung von Kindheit im interkulturellen Vergleich. Opladen: Leske + Budrich, 137-219.

Grotevant, H. D./Cooper, C. R. (1985): Patterns of interaction in family relationships and the development of identity exploration in adolescence. In: Child Development, 56, 415-429.

Grotevant, H. D./Cooper, C. R. (1986): Individuation in family relationships. In: Human Development, 29, 82-100.

Hofer, M. (1996): Symmetrien und Asymmetrien in Planungsgesprächen von Mutter-Tochter-Dyaden. In: Zeitschrift für Pädagogische Psychologie, 10 (1), 49-60.

Hofer, M. (2003a): Argumentieren. In: Herrmann, T./Grabowski, J. (Hrsg.): Enzyklopädie der Psychologie: Psychologie der Sprachproduktion. Göttingen: Hogrefe, 801-824.

Hofer, M. (2003b): Selbständig werden im Gespräch. Wie Jugendliche und Eltern ihre Beziehung verändern. Bern: Huber.

Hofer, M./Hick, B. (2003): Veränderungen von Verbundenheit, Autonomie und Kontrolle und Interaktionen zwischen Eltern und Jugendlichen in ost- und westdeutschen Familien. In: Zeitschrift für Familienforschung, 3, 19-34.

Hofer, M./Pikowsky, B. (1993): Validation of a category system for arguments in conflict discourse. In: Argumentation, 7, 135-148.

Jugendwerk der Deutschen Shell (Hrsg.) (1985): Jugendliche und Erwachsene '85: Generationen im Vergleich. Opladen: Leske + Budrich.

Noack, P./Fingerle, M. (1994): Gespräche Jugendlicher mit Eltern und gleichaltrigen Freunden. In: Zeitschrift für Entwicklungspsychologie und Pädagogische Psychologie, 26, 331-349.

Pikowsky, B. (1998): Konfliktgespräche jugendlicher Mädchen mit Mutter, Schwester und Freundin. In: Zeitschrift für Pädagogische Psychologie, 12, 179-190.

Smetana, J. G. (1988): Adolescents' and parents' conceptions of parental authority. In: Child Development, 59, 321-335.

Smollar, J./Youniss, J. (1989): Transformations in adolescents' perceptions of parents. In: International Journal of Behavioral Development, 12, 71-84.

Spranz-Fogasy, T./Fleischmann, T. (1993): Types of dispute courses in family interaction. In: Argumentation, 7, 221-235.

Spranz-Fogasy, T./Hofer, M./Pikowsky, B. (1992): Mannheimer ArgumentationsKategorienSystem (MAKS). In: Linguistische Berichte, 141, 350-370.

Tesson, G./Youniss, J. (1995): Micro-sociology and psychological development: A sociological interpretation of Piaget's theory. In: Ambert, A. M. (Ed.): Sociological studies of children. Greenwich, CT: JAI, 7, 101-126.

Youniss, J. (1980): Parents and peers in social development: A Sullivan-Piaget perspective. Chicago, IL: The University of Chicago Press.

Intra- und interpersonelle Bedingungen retroaktiver Sozialisation in der Postmoderne

Inner- and intrapersonal conditions of retroactive socialisation in postmodern societies

Judith Gerber, Elke Wild

Zusammenfassung: Lange Zeit wurden die Beziehungen zwischen Eltern und ihren Kindern nur mit Blick auf die erzieherischen Absichten der Eltern auf ihre Kinder betrachtet. Veränderungen durch die Kinder auf Seiten der Eltern hervorgerufen, wurden als unabsichtlich und Nebenwirkungen interpretiert. Vor den Hintergrund der Persönlichkeitsentwicklung als lebenslangen Prozess sowie systemtheoretischen Vorstellungen von Erziehung rücken bewusste Beeinflussungen der elterlichen Überzeugungen und Einstellungen durch ihre Kinder – so genannte retroaktive Sozialisationsprozesse – zunehmend in den Vordergrund. Dieser Artikel gibt einen Überblick über Formen und Bedingungen dieser Einflussprozesse. Hierbei werden historischen und gesellschaftlichen Entwicklungen, der besonderen Bedeutung der Jugendphase sowie inter- und intrapersonellen Bedingungen und ihrem Einfluss auf retroaktive Sozialisationsprozesse Rechnung getragen.

Abstract: Most of the studies concerning parent-child relationships focus on the educational intention of parents. Changes on the part of the parents are mostly interpreted as unintended side effects. Against the background of self development as an lifelong process as well as the conception of education as a reciprocal process between parents and their children the intended influence of children on their parents' beliefs and attitudes – so called retroactive socialisation- gains in importance. This article gives a review of forms and requirements of these influence processes. Thereby historical and social changes and their relevance for retroactive socialisation as well as the special meaning of adolescence as part of family development and inner- and intrapersonal conditions are taken into consideration.

Arbeiten aus der Entwicklungspsychologie und Familienforschung thematisieren seit vielen Jahren die Einstellungs- und Verhaltensänderungen, die sich nach der Gründung einer Familie im Leben der Eltern vollziehen. Empirische Belege für die sozialisierende Wirkung der Elternrolle stammen vor allem aus Vergleichsuntersuchungen, in denen das Erleben und Verhalten von Eltern mit dem von Paaren ohne Kinder verglichen wurde. Auf diese Weise festgestellte Unterschiede betreffen vielfältige Lebensbereiche, darunter die körperliche und psychische Befindlichkeit von Eltern (z.B. Wochenbettdepression, Schlafentzug), ihre Lebenspläne (z.B. Ausstieg aus dem Beruf während des Erziehungsurlaubs), die Qualität der Partnerschaft (z.B. weniger Zeit für den Partner, Sexualität) und anderer sozialer Beziehungen (z.B. verstärkte Hinwendung zur Herkunftsfamilie) sowie deren Freizeitgestaltung (zsf. Ambert 1992; Hofer/Wild/Noack 2002).

Neben den sozialisierenden Effekten der Elternrolle wurden insbesondere in der *child-effect*-Forschung situative Einflüsse von Kindern auf deren Eltern untersucht. Beispielhaft sei hier auf die Rolle des kindlichen Weinens für die Aktivierung elterlicher *care-giving*-Aktivitäten oder auch die Bedeutung kindlicher Aggressionen für die Eskalation von Eltern-Kind-Konflikten hingewiesen. Seit einigen Jahren werden aus dieser Perspektive auch verstärkt Austauschprozesse zwischen Eltern und ihren jugendlichen Kindern untersucht, wobei der Beitrag der Jugendlichen zur Interaktion meist als Ausdruck oder Mittel zur Erreichung der eigenen lokalen (d.h. situativen) und globalen (auf jugendtypische Entwicklungsaufgaben bezogenen) Ziele interpretiert werden (zusf. Hofer 2003).

Beiden Forschungslinien ist gemein, dass im engeren Sinne „erzieherische Absichten" nur auf Seiten der Eltern angenommen werden und durch Kinder hervorgerufene Einstellungs- und Verhaltensweisen somit als „ungeplante Nebenwirkungen" interpretiert werden, die selbst den Akteuren nicht bewusst sein müssen und von ihnen möglicherweise nicht einmal ursächlich auf die Existenz oder das Verhalten der Kinder zurückgeführt werden. Die Frage aber, in welchem Ausmaß Heranwachsende in der Interaktion mit ihren Eltern dauerhafte Einstellungs- oder Verhaltensänderungen erzielen möchten und wie sie diese zu erreichen versuchen, wurde bislang kaum untersucht. Obwohl die Annahme wechselseitiger Einflüsse zwischen den Generationen durchaus eine lange Tradition hat (Mannheim 1928), ist somit ein Forschungsdefizit zu konstatieren. Dieses wird in dem Maße offenkundig und inakzeptabel, indem sich in der Forschung die Vorstellungen von Persönlichkeitsentwicklung als ein lebenslanger Prozess durchsetzen konnte (Baltes 1990) und Konzeptionen von Erziehung als einer einseitigen Form der Einflussnahme von Eltern auf ihre Kinder längst von stärker interaktionistischen und systemtheoretischen Vorstellungen abgelöst wurden (z.B. Hurrelmann 1993).

Der vorliegende Beitrag beschäftigt sich deshalb mit den Formen und Bedingungen retroaktiver Sozialisationsprozesse, die in Anlehnung an Klewes (1983) als intendierte (mental repräsentierte) Einflussnahme von Kindern auf Einstellungen und Verhaltensweisen ihrer Eltern definiert werden.

Die empirische Analyse retroaktiver Sozialisation i.e.S. gestaltet sich schwierig, da die elterliche Persönlichkeit stets zahlreichen inneren und äußeren Einflüssen unterliegt und die Effekte kindlicher Einflüsse in Felduntersuchungen nur schwer zu isolieren sind. Eine Analyse kausaler Beziehungen zwischen elterlichen Einstellungs- und Verhaltensänderungen und entsprechenden „Erziehungsabsichten" Heranwachsender bleibt deshalb streng genommen experimentellen Laborstudien vorbehalten. Da deren ökologische Validität allerdings fraglich ist und es an elaborierten Theorien retroaktiver Sozialisation mangelt, erscheint es zumindest zu explorativen Zwecken sinnvoll, Erkenntnisse über Art und Ausmaß intentionaler Einflussnahmen seitens der jüngeren Generation auf der Basis erlebnisdeskriptiver Daten zu gewinnen und dabei die Sicht von Eltern und Kindern zu berücksichtigen.

Ziel dieses Beitrags ist es, hierzu vorliegende Befunde in einem integrativen Zugriff zusammenzutragen und mit jugend- und familienpsychologischen Annahmen zu verknüpfen. Weil hierbei auch historische und gesellschaftliche Entwicklungen zum Tragen kommen, deren Einfluss auf die Verbreitung retroaktiver Sozialisationsprozesse allerdings schwer empirisch abbildbar ist, soll im ersten Teil dieses Beitrags erläutert werden, warum eine sozialisierende oder bildende Wirkung von Kindern in Richtung deren Eltern in modernen (westlichen) Industrienationen immer wahrscheinlicher wird. Daran anschließend wird argumentiert, dass das Jugendalter mit Blick auf retroaktive Sozialisationsprozesse als eine entscheidende Phase des Familienzyklus zu verstehen ist. Der dritte Abschnitt beinhaltet eine zusammenfassende Darstellung vorliegender empirischer Befunde zu inter- und intrapersonalen Korrelaten retroaktiver Sozialisation.

1. Makrosoziale Bedingungen retroaktiver Sozialisation

Aus historischer Sicht hat die im Zuge der Bildungsexpansion verlängerte Schul- und Ausbildungszeit der Kinder das Familienleben entscheidend beeinflusst. Sie hat nicht nur zu einer verbesserten Bildung jüngerer Geburtskohorten geführt, sondern auch den Eintritt in das Berufsleben wesentlich nach hinten verschoben. Jugendliche bleiben dadurch vielfach bis ins dritte Lebensjahrzehnt finanziell abhängig von ihren Eltern, während sie in ihren Einstellungen und Überzeugungen bereits autonom sind und es mehr oder weniger markante intergenerationale Unterschiede in den Auffassung der Familienmitglieder gibt.

Das mit dem Auf- und Ausbau des Bildungssystems entstehende Bildungsgefälle zugunsten der jüngeren Generation wird in den letzten Jahrzehnten durch den schnellen technologischen Wandel weiter forciert. Jugendliche sind häufig im Umgang mit Neuen Medien kompetenter und nutzen diese mit größerer Selbstverständlichkeit. Sie haben dadurch schneller Zugriff auf relevante Wissensbestände und verfügen eher über (strategisches) Handlungswissen, welches ein Zurechtkommen in unserer modernen Gesellschaft erleichtert. Dadurch wiederum wird der bedeutungsmäßigen Aufwertung der Jugend Vorschub geleistet, die moderne Gesellschaften ohnehin kennzeichnet. Nicht nur Jugendlichkeit an sich gilt hier als hoher Wert; auch Eigenschaften wie Individualität, Flexibilität und Mobilität, die in erster Linie der jungen Generation zugeschrieben werden, werden von den Medien als erstrebenswert propagiert. Mit Stecher und Zinnecker (1993) lassen sich diese Phänomene zusammenfassen als Verschiebung des Schwergewichts des kulturellen Transfers von der älteren in Richtung auf die jüngere Generation.

Das Aufkommen neuer Informations- und Kommunikationstechnologien stellt aus makrosoziologischer Perspektive lediglich einen Aspekt eines tief greifenden, alle Ebenen und Schichten der Gesellschaft erfassenden, soziokulturellen Wandels dar. Moderne Gesellschaften lassen sich aufgrund dieses Wandlungsprozesses auch als präfigurative Gesellschaften klassifizieren, die sich nach Mead (1970) dadurch auszeichnen, dass das Leben der Älteren für die nachkommende Generation nicht mehr alleiniges Vorbild sein kann. In gewissen Bereichen sind die Älteren vielmehr auf die Unterstützung der Jüngeren im Umgang mit neuen Kulturelementen angewiesen. Damit sich die ältere Generation in der veränderten Gesellschaft zurechtfindet und sich nicht als „immigrants in time" (Mead 1970) erlebt, wird aus dieser Perspektive der Kulturtransfer von Jung zu Alt ein häufiger, normaler und manchmal sogar notwendiger Vorgang sein. Einschränkend machen Bengtson und Troll (1978) allerdings darauf aufmerksam, dass Familien nicht gleichermaßen von soziokulturellen Veränderungen betroffen sind und auf diese reagieren (müssen). Aus ihrer Sicht sind es vielmehr so genannte *forerunner*-Familien, die als Träger des sozialen Wandels fungieren, weil die von den Jugendlichen eingebrachten Werte und Ansichten hier stärker berücksichtigt oder übernommen werden als in traditionalen Familien. Deren Einstellungen ändern sich erst allmählich in dem Maße, in dem zuvor „jugendtypische" Werte und Verhaltensweisen (z.B. skateboarding) Verbreitung finden und „salonfähig" werden, weil sie nicht länger nur von einer Minderheit von Vorreitern vertreten werden.

Lag es lange Zeit nahe, Thesen zu den Folgen sozialen Wandels mithilfe hermeneutischer Forschungsmethoden zu untermauern, eröffnete die deutsche Vereinigung die Chance, Hypothesen zum sozialen Wandel unter Einsatz quantitativer Verfahren zu prüfen. Auch die Auswirkungen beschleunigter gesellschaftlicher Veränderungen auf das Zustandekommen von retroaktiven Sozialisationsprozessen konnte nun untersucht werden, da sich in den alten Bundesländern der eher moderate und lang andauernde Modernisierungstrend nach dem Mauerfall mehr oder weniger unverändert fortsetzte, während in der ehemaligen DDR die deutsche Vereinigung sehr tief greifende Veränderungen nach sich zog. Da sich diese im Erleben der Familienmitglieder in Form von wachsender Unsicherheit und Besorgnis angesichts des Abbaus sozialstaatlicher Leistungen niederschlugen (Hofer et al. 1995), lag es nahe zu vermuten, dass insbesondere in den neuen

Bundesländern eine generell erhöhte Bereitschaft von Eltern beobachtbar sein sollte, sich an den eigenen Kindern zu orientieren und deren Meinung zu bedenken.

Eine Durchsicht vorliegender Befunde aus ost- und westdeutschen Vergleichsstudien zeigt jedoch entgegen den Erwartungen, dass regionale Unterschiede in der Wahrnehmung retroaktiver Sozialisationsprozesse weder in den Angaben von Eltern noch denen von Jugendlichen zu finden sind (Stecher/ Zinnecker 1993; Gerber/Wild 2001), obwohl die gesellschaftlichen Veränderungen von ostdeutschen Eltern erwartungskonform als negativer empfunden werden. Gesellschaftliche Veränderungen, wie sie von den Mitgliedern der Gesellschaft wahrgenommen werden, scheinen also eine geringere Rolle für die Austauschprozesse zwischen Eltern und ihren Kindern zu spielen als vermutet. Möglicherweise werden sie durch proximale Sozialisationsbedingungen (Stecher/ Zinnecker 1993) überlagert, die gerade in Familien mit jungen Erwachsenen für die Qualität der Eltern-Kind-Beziehungen und für das Ausmaß intergenerationaler Austauschprozesse besonders entscheidend zu sein scheinen (Stecher/ Zinnecker 1993). Diese sollen deshalb in den beiden folgenden Abschnitten näher betrachtet werden.

2. Retroaktive Sozialisation im Familienzyklus

Aus der Vielzahl der in der Literatur thematisierten Phänomene sozialen Wandels, die mit Schlagwörtern wie Säkularisierung, Globalisierung, Internationalisierung, Individualisierung, Entsolidarisierung und Anomie zu kennzeichnen versucht werden, sind für die vorliegende Fragestellung insbesondere jene Begleiterscheinungen gesellschaftlichen Wandels interessant, die das Verhältnis der Generationen zueinander betreffen.

Hierzu gehören zunächst die mit dem Anstieg postmaterialistischer Werte (Inglehart 1998) einhergehenden Veränderungen des generativen Verhaltens junger Erwachsener. Weil sich mit dem Kinderwunsch nicht länger ökonomische Nutzenerwartungen sondern die Hoffnung auf persönliches Glück und Sinnerfüllung verknüpfen (Nauck 1989), erlangen die Nachkommen in der „kindzentrierten Familie" eine herausragende emotionale Bedeutung. Diese Kindzentriertheit führt zu einer Verschiebung der emotionalen Machtbalance zu Gunsten der Kinder und hat Veränderungen des innerfamilialen Beziehungsgefüges von einem Befehls- zu einem Verhandlungshaushalt (Jugendwerk der Deutschen Shell 1985) generell Vorschub geleistet. Gleichwohl ist aber aus familienpsychologischer Perspektive zu vermuten, dass ein kultureller Transfer von der jüngeren in Richtung ältere Generation deutlich häufiger in Familien mit Jugendlichen zu beobachten ist als in anderen Phasen des Familienzyklus.

Vor allem Arbeiten zum Konzept des Bildungsmoratoriums (Zinnecker 1991) haben herausgearbeitet, dass Heranwachsenden in modernen Gesellschaften im Jugendalter eine Auszeit gewährt wird, um jugendtypische Entwicklungsaufgaben zu bewältigen, an ihrer Identität zu arbeiten, Bildungskapital zu erwerben und sich auf das spätere Leben vorzubereiten. Diese zeitweilige Entpflichtung lässt Jugend zu einer eigenständigen, mit biographischem Eigengewicht ausgestatteten Phase werden, die durch eine ausgeprägte Gleichaltrigenorientierung, die Etablierung von Jugendräumen und die Ausformung einer expressiven, durch einen starken Gegenwartsbezug geprägten Jugendkultur gekennzeichnet ist (zusf. Reinders/Wild 2003). Insbesondere im Jugendalter tritt also neben die Erziehungsbemühungen der Eltern zunehmend der Einfluss der Gleichaltrigen (Larson 2002). Auch schaffen sich Jugendliche selbst immer mehr Gelegenheitsstrukturen für die eigene Entfaltung (Zinnecker 2000; Plomin 1999). Was an Wissen zur Bewältigung des Alltags notwendig ist, wird somit nicht länger ausschließlich durch Erwachsene vermittelt, sondern von Jugendlichen in wachsendem Maße selbst bestimmt und gemeinsam mit Peers erarbeitet. Folgerichtig können Jugendliche in dem Maße, indem sie sich an Peers orientieren (zusf. Noack 2002) und in außerfamilialen Lebens- und Erfahrungsräumen eigene Orientierungs- und Handlungsmuster generieren (vgl. auch Melzer/Schmidt 1991) neue Ideen, Sichtweisen und Meinungen in die Familie hineintragen. Mehr noch: Weil die Beziehungen zu Gleichaltrigen prinzipiell eher symmetrisch sind, können Jugendliche in der Diskussion und Auseinandersetzung mit Gleichaltrigen Erfahrungen in der Gestaltung gleichberechtigter Beziehungen sammeln und lernen, eigene Standpunkte zu vertreten. Diese außerhalb der Familie erworbenen Kompetenzen und Einsichten wären für die Qualität der Familienbeziehung folgenlos, würde die Eltern-Kind-Beziehung im Zuge der Ablösung Jugendlicher vom Elternhaus an Bedeutung verlieren.

Tatsächlich belegen jedoch zahlreiche Arbeiten (zumindest aus westlichen Industrieländern), dass entgegen weit verbreiteter „Sturm-und-Drang-Konzepte" des Jugendalters die Beziehungen zwischen Eltern und Jugendlichen über die Adoleszenz hinweg mehrheitlich eng und vertrauensvoll bleiben. So ist selbst der Anstieg der Familienkonflikte im Jugendalter lediglich Ausdruck des jugendlichen Bestrebens, die Interaktion mit den Eltern in Richtung zunehmender Symmetrie zu verändern. Je mehr dies gelingt, umso größer ist die Chance, dass Jugendliche ihre Eltern mit den außerhalb der Familie gewonnenen Erfahrungen konfrontieren und sie von den eigenen Ansichten überzeugen wollen.

Mit der Herausbildung autonomer Einstellungs- und Verhaltensweisen Jugendlicher und ihrem Festhalten an Familienbindungen ist also eine notwendige, aber nicht hinreichende Bedingung für retroaktive Sozialisationsprozesse gegeben. Eine Diffundierung „jugendkulturellen Guts" in die Erwachsenengesellschaft sollte vielmehr erst dann erfolgen, wenn sich die ältere Generation mit den Werten und Handlungsweisen der Jugendgeneration auseinandersetzt und diese zumindest partiell zu übernehmen bereit ist. Die Voraussetzungen hierfür sind in Familien mit Jugendlichen ebenfalls besonders günstig. Schließlich ist der Lebensabschnitt, in dem die Jugendlichen sich zunehmend nicht nur räumlich, sondern auch innerlich vom Elternhaus lösen, auch für Eltern eine lebenszyklische Phase der Selbstdefinition und Abgrenzung.

Vor allem der herannahende Auszug der „Kinder" aus dem Elternhaus – auch als *empty nest* bezeichnet – stellt die erwachsenen Kinder wie deren Eltern vor die Aufgabe, ihr Leben und ihre Beziehungen neu zu gestalten. So müssen sich Eltern teilweise neue Lebensinhalte suchen, ihren bisherigen Tagesablauf und ihre Freizeit neu organisieren. Darüber hinaus bedeutet der Auszug der Kinder auch häufig eine Neudefinition der elterlichen Partnerschaft und die Erarbeitung einer zumindest in Teilgebieten neuen Identität (zusf. Papastefanou 1997).

3. Retroaktive Sozialisation aus differentieller Perspektive

Den bisherigen Überlegungen zufolge sind Heranwachsende insbesondere im Jugendalter willens und fähig, von den Eltern unabhängige Wertvorstellungen und kulturelle Praktiken zu entwickeln. Zeitgleich befinden sich Eltern in einer Phase der Neuorientierung, die mit einer besonderen Offenheit gegenüber neuen Ideen einhergehen sollte. Grundsätzlich sind damit besonders günstige Voraussetzungen für retroaktive Sozialisationsprozesse gegeben. In welchem Ausmaß es in einer konkreten Familie aber tatsächlich zu einem kulturellen Transfer von Jugendlichen in Richtung der Eltern kommt, dürfte von Merkmalen der einzelnen Familienmitglieder und der Qualität ihrer Beziehungen abhängen. Diese sind Gegenstand der folgenden Abschnitte, in denen eigene Befunde zusammengefasst werden. Diese stammen im Wesentlichen aus vier Datensätzen, die an dieser Stelle kurz charakterisiert seien:

(a) Im Rahmen der Arbeit von Buhl (1994) wurden 55 Mutter-Tochter-Dyaden interviewt und gebeten, Fragebögen auszufüllen, um die Sicht beider Parteien vergleichen zu können. Inhaltlich sollten erste Informationen gewonnen werden über das Ausmaß retroaktiver Sozialisation, über Themenfelder und Lebensbereiche, in denen Einstellungsänderungen vornehmlich wahrgenommen werden, sowie über Praktiken oder Methoden, auf die die jüngere Generation zurückgreift, um sozialisierende Effekte in der Elterngeneration hervorzurufen. Da es sich um eine anfallende Stichprobe handelte, in der Studierende (das Durchschnittsalter der Töchter lag bei 25 Jahren) bzw. Eltern aus der mittleren und höheren Mittelschicht überrepräsentiert waren, konnte das Ausmaß retroaktiver Sozialisation weder in Abhängigkeit vom Familienstatus der Töchter und Mütter noch von ihrer Bildung analysiert werden.

(b) Dem zuletzt genannten Aspekt wurde daher in der Arbeit von Wiersing (1996) nachgegangen, indem ein Fragebogen, der auf der Basis der Ergebnisse von Buhl (1994) entwickelt worden war, 119 Schülerinnen und 50 Schülern (Durchschnittsalter 18,5 Jahre) vorgelegt wurde. Da von diesen 78 Jugendliche eine Wirtschaftsschule, 53 eine Berufsschule und 38 ein Wirtschaftsgymnasium besuchten, konnten die Sichtweisen Jugendlicher bzw. junger Erwachsener aus verschiedenen sozialen Schichten und mit unterschiedlichen Bildungsverläufen kontrastiert werden.

(c) Da einer amerikanischen Studie von Rossi und Rossi (1990) zufolge bilaterale Sozialisation wahrscheinlicher wird, wenn die „Kinder" eine eigene Familie gegründet haben, und sich damit die Verpflichtungen und Rollen der beiden Generationen annähern, wurden in einer Arbeit von Breitwieser-Jacobi (1996) 49 Töchter (Durchschnittsalter 29 Jahre) ca. 5 Monate nach der Geburt ihres ersten Kindes in standardisierter und halbstandardisierter Form befragt. Da etwa 20% der Frauen nach der Familiengründung ihre Berufstätigkeit wieder aufnahmen und in der Hälfte dieser Fälle die Großmutter eine wichtige Rolle bei der Versorgung des Säuglings übernahm, konnten Unterschiede im Grad der retroaktiven Sozialisation auch in Abhängigkeit vom Erwerbsverhalten und der (wechselseitigen) Abhängigkeit der Töchter und Mütter untersucht werden.

(d) Besonders umfängliche Aspekte der Eltern-Kind-Beziehung im Jugendalter schließlich wurden in einem DFG-Projekt hinsichtlich ihres Einflusses auf retroaktive Sozialisationsprozesse untersucht, welches nach der deutschen Vereinigung gestartet wurde, um die Entwicklung ost- und westdeutscher Familien zu untersuchen (zusf. Hofer et al. 1995). Fragen zum Ausmaß retroaktiver Sozialisation wurden hier beiden Elternteilen und den Jugendlichen vorgelegt, wobei sich erste Auswertungen (Gerber/Wild 2001) auf eine Klärung von Verläufen über das Jugendalter hinweg konzentrieren. Hierfür wurden die Angaben von ca. 100 Müttern über 5 Messzeitpunkte hinweg und die von ca. 400 Jugendlichen über drei Erhebungswellen (von der 10. Klasse an) zugrunde gelegt.

Einer Integration der in diesen Arbeiten gefundenen Befunde steht entgegen, dass in jeder Studie spezifische Fragestellungen fokussiert und entsprechend ausgewählte Altersgruppen erfasst wurden. Gleichwohl besteht der Reiz der „quer" gelesenen Ergebnisse darin, dass Phänomene herausgearbeitet werden können, die in der Gesamtbetrachtung konsistent beobachtbar sind und insofern als vermutlich verallgemeinerbare Bedingungen retroaktiver Sozialisation interpretiert werden können. Diese herauszuarbeiten ist zentrales Anliegen der folgenden Abschnitte.

3.1 Deskriptive Befunde zum Phänomen retroaktiver Sozialisation

Werden weibliche Familienmitglieder nach dem Ausmaß retroaktiver Sozialisation gefragt, nehmen Töchter einen größeren Einfluss von ihrer Seite auf die Ansichten und Verhaltensweisen ihrer Mütter wahr als diese selbst (Buhl 1994). Insgesamt kommen bei der Frage nach dem „Ergebnis" solcher „Erziehungsversuche" der jüngeren Generation jedoch mehr Überschneidungen als perspektivenspezifische Differenzen zum Vorschein. Allen voran nehmen beide Seiten als Folge retroaktiver Sozialisation eine größere Gelassenheit und Toleranz der Mutter wahr, gefolgt von einer zunehmenden Bereitschaft, differenziert über „alternative" Einstellungs- und Verhaltensweisen nachzudenken und moderne Meinungen zu vertreten bzw. ein jugendliches Aussehen zu pflegen. Gleichzeitig wird eine größere Bereitschaft konstatiert, die eigenen Ansichten selbstkritisch zu hinterfragen und einen „gesunden Egoismus" zu entwickeln. Mütter führen ergänzend ein ausgeprägteres Umweltbewusstsein, ein positiveres Denken und eine gleichberechtigtere Beziehung zur Tochter als Ergebnis retroaktiver Sozialisation an. Die Töchter selbst nehmen bei ihrer Mutter eine größere Bereitschaft zur Verfolgung außerhäuslicher Aktivitäten wahr. Zur Illustration seien Zitate der von Buhl (1994) interviewten Mütter und Töchter wiedergegeben (vgl. Übersicht 1).

Auch wenn nicht auf die Veränderung von Werthaltungen und Ansichten sondern von Kognitionen und Verhaltensweisen der Eltern abgehoben wird, finden sich weitgehend korrespondierende Ansichten zwischen den Generationen. Töchter betonen, ihre Mutter denke endlich etwas mehr an sich selbst, und damit übereinstimmend berichten die Mütter, dass sie durch ihre Tochter gelernt hätten, selbständiger zu werden und eine andere Meinung haben zu dürfen. „Sie hat mir geholfen, mehr nachzudenken und halt auch mal nein zu sagen" (Buhl 1994). Auf der Verhaltensebene stimmen beide Generationen darin überein, dass sich das Umweltbewusstsein auf Seiten der Mutter infolge ihrer Auseinandersetzung mit der Tochter (Flaschen statt Tetrapack) verändert hat. Besondere Bedeutung scheint dabei vor allem der Meinung und den Argumenten der Töchter zu aktuellen Themen zuzukommen, mit denen die Mütter sonst nicht oder zumindest nicht in dieser Intensität konfrontiert würden.

Sozialpsychologischen Theorien zufolge, die sich mit Bedingungen der Einstellungsänderung und Identitätsentwicklung befassen, sollte die Wahrscheinlichkeit bilateraler Sozialisationsprozesse mit der persönlichen Bedeutung (Zentralität) der thematisierten Lebensbereiche sinken. In Einklang hiermit scheinen in einer Reihe von Arbeiten (Wiersing 1996; Buhl 1994; Stecher/Zinnecker 1993; Breitwieser-Jakoby 1996) persönlichkeitsfernere Bereiche eher zur Disposition zu stehen als Einstellungen, die zentral im Selbst der Person verankert sind.

Mütter

- „man muss die Dinge mit den Augen der Jugendlichen sehen, es ist eine andere Zeit"
- „nicht immer nur die nette, liebe Frau sein, selbständiger, gelassener zu werden, eine andere Meinung haben dürfen"; „sie hat mir geholfen, mehr nachzudenken und halt auch mal nein zu sagen"
- „ich bin durch meine Tochter freier, Dinge lassen zu können"
- „ich denke positiver, baue Vorurteile ab, setze mich mit meinen Gefühlen auseinander"
- „ich versuche mich nicht mehr in das Leben meiner Tochter einzumischen"

Töchter

- „sie ist durch mich mit Themen konfrontiert, wo ich einen bestimmten Respekt einfordere" / „Zurückhaltung in Sachen, in denen ich mehr ‚drinstecke' als sie" / „sie versucht erst auch die andere Seite zu sehen, weil ihre Tochter das auch machen könnte"
- „meine Mutter nimmt nicht mehr so viel Rücksicht auf andere, denkt mehr an sich selbst" / „sie ist nicht mehr ganz so selbstlos, denkt ein klein bisschen mehr an sich selbst"
- „sie glaubt nicht mehr, dass heiraten und Kinder kriegen das einzig wichtige für eine Frau ist. Sie denkt nicht mehr so sehr, dass sie dazu da ist, meinem Vater zu dienen. / Sie stellt konventionelle Meinungen eher mal in Frage als früher"

Übersicht 1: Zitate von Müttern und Töchtern (Buhl 1994)

In der Arbeit von Buhl (1994) etwa nahmen Töchter wie Mütter eher retroaktive Sozialisation wahr, wenn es um periphere Aspekte wie Kleidung, Redeweisen oder Hobbies ging, als wenn Veränderungen in identitätsrelevanten Einstellungen und Lebensbereichen thematisiert wurden (vgl. Abb. 1). Von diesem Befundmuster abweichende Ergebnisse wurden lediglich in der Shell-Studie '85 (Jugendwerk der Deutschen Shell 1985) berichtet, wo Persönlichkeitsveränderungen und Änderungen in der Weltanschauung als die Bereiche ausgewiesen wurden, in denen sich überwiegend Beeinflussungen der Eltern durch ihre Kinder ergeben würden.

Werden Mütter und Töchter gefragt, *auf welchem Wege* es zu den skizzierten Veränderungen gekommen sei, so deuten die Antworten auf zwei dominante Lernmechanismen hin: Lernen durch Einsicht angesichts überzeugender Argumente sowie – weitaus seltener allerdings – das Lernen am Modell der Tochter.

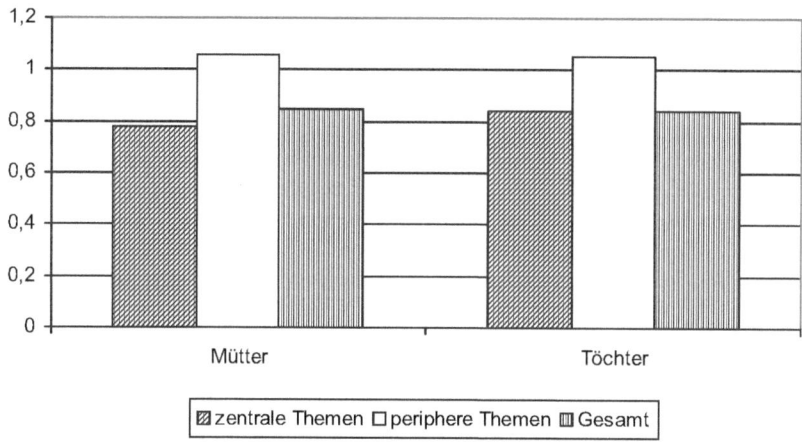

Abbildung 1: Ausmaß retroaktiver Sozialisation aus Sicht der Generationen (nach Buhl 1994)

So ist es wenig überraschend, dass in der Analyse der Gesprächsthemen zwischen Müttern und ihren Töchtern wieder die Lebensbereiche (kulturelle Aktivitäten, Urlaub, Mode) auftauchen, in denen auch retroaktive Sozialisation konstatiert wird. Insgesamt ist das Spektrum der Gesprächsthemen jedoch deutlich breiter gefächert („Wir reden über Gott und die Welt") und schließt Ereignisse in der eigenen Familie, der Beziehung oder im Erwerbsleben ein, die für mindestens eine Seite aktuell höchst relevant sind. Dagegen wird über grundlegendere Themen wie Finanzen oder Werte nur selten diskutiert (Buhl 1994).

Der besondere Stellenwert der Kommunikation für das Zustandekommen von retroaktiver Sozialisation wird ebenfalls deutlich, wenn Familienmitglieder nach den „Mitteln" oder „Methoden" gefragt werden, derer sich die jüngere Generation zum Zwecke der Beeinflussung der Elterngeneration bedient. Töchter wie Mütter nennen häufige und intensive Gespräche als wichtigstes Mittel für retroaktive Sozialisation (Buhl 1994). Eine befragte Tochter betont etwa: „Gespräche, Gespräche und abermals Gespräche" seien das entscheidende Mittel zu Einstellungsänderung. Entsprechend korreliert der von Jugendlichen berichtete Grad an Beeinflussung mit dem Ausmaß positiver Kommunikation zwischen Müttern und ihren Kindern, während die Einschätzungen der Mütter stärker in Abhängigkeit von der erlebten Familienharmonie variieren. Gleichwohl nehmen Mütter wie Töchter nach der Geburt des ersten (Enkel-)Kindes nicht nur einen

Anstieg gemeinsamer Gespräche, sondern ebenso ein wachsendes Ausmaß an retroaktiver Sozialisation wahr (Breitwieser-Jakobi 1996).

Insgesamt deutet sich somit an, dass Eltern umso eher über scheinbar Selbstverständliches nachzudenken beginnen, wenn sie nach eigenem Empfinden eine enge, von gegenseitiger Zuwendung getragene Beziehung zu ihren Kindern unterhalten und in Gesprächen mit diesen mit neuen Sichtweisen und Haltungen konfrontiert werden (Gerber/Wild 2001). Retroaktive Sozialisation, so könnte man zusammenfassen, scheint wesentlich im Rahmen persuasiver Kommunikation stattzufinden. Dieses Zwischenergebnis lenkt den Blick auf die Frage nach interpersonellen Bedingungsfaktoren, die im nächsten Abschnitt behandelt werden.

3.2 Interpersonelle Bedingungen retroaktiver Sozialisation

Merkmale interpersoneller Interaktion und Kommunikation wurden bereits in frühen, meist soziologisch geprägten Studien untersucht, die sich mit den Bedingungen retroaktiver Sozialisation befassten. Systematische Zusammenhänge konnten dabei zwischen dem Ausmaß, in dem Eltern und Jugendliche eine Einflussnahme in Richtung der älteren Generation wahrnahmen, und der *Kontaktdichte* sowie der *Interaktionsintensität* gefunden werden (Stecher/Zinnecker 1993; Buhl 1994).

Aus familienpsychologischer Sicht sind hiermit jedoch lediglich strukturelle oder quantitative Aspekte von Eltern-Kind-Beziehungen angesprochen, deren Vorhersagekraft geringer sein sollte als die von qualitativen Aspekten der Eltern-Kind-Beziehung. Hierzu zählt etwa das Ausmaß an und der Umgang mit Konflikten oder auch das wahrgenommene Familienklima.

Empirisch untersucht wurden bislang das in einer Familie vorherrschende Ausmaß an harmonischer und problemorientierter Interaktion sowie die Dichte der Kommunikation zwischen Eltern und ihren Kindern. Für alle Faktoren konnten erwartungsgemäß systematische Zusammenhänge zum Grad der retroaktiven Sozialisation gefunden werden (Buhl 1994).

Aus der Perspektive der Individuationstheorie (Youniss 1980; Grotevant/ Cooper 1986) ist die Qualität familialer Beziehungen nicht (nur) auf einzelnen Dimensionen abzubilden, sondern als Balance zwischen Verbundenheit und Abgrenzung zu konzeptualisieren. *„Individuierte" Eltern-Kind-Bindungen* entwickeln sich idealiter im Verlauf des Jugendalters durch eine Transformation der zuvor eher einseitigen Eltern-Kind-Beziehung. Sie zeichnen sich dadurch aus, dass ein starker Zusammenhalt nicht auf Kosten der Autonomie und Individualität der einzelnen Familienmitglieder geht.

Individuierte Beziehungen tragen damit dem gerade im Jugendalter sehr salient werdendem Autonomiebedürfnis Heranwachsender Rechnung und unterstützen die Herausbildung multiplexer Beziehungen, so dass die spezifischen Lerngelegenheiten ausgeschöpft werden können, die die Interaktionen mit Gleichaltrigen und Erwachsenen bergen (Krappmann 1994).

Da Gespräche in individuierten Familien der Motor für und Ausdruck von Veränderungen in den intergenerationalen Beziehungen sind, die sich im Verlauf der Adoleszenz (idealiter) in Richtung zunehmender Gleichberechtigung entwickeln (Hofer 2003), können bilaterale Einflussversuche hier in besonderem Maße zum Tragen kommen.

Erste empirische Belege für individuationstheoretische Annahmen liefert die Studie von Gerber/Wild (2001). Ein wachsendes Aufgreifen der jugendlichen Einstellungs- und Verhaltensweisen wird danach in jenen Familien berichtet, in denen sich die Mutter-Kind-Beziehung durch eine hohe Verbundenheit auszeichnet bzw. ein ausgewogenes Verhältnis von Abgrenzung und Verbundenheit auf hohem Niveau vorherrscht. Von der mittleren bis zur späten Adoleszenz nähern sich allerdings die Austauschprozesse, die in der Familie mit unterschiedlichen Graden an Autonomie und Nähe zu beobachten sind, immer mehr an.

Wird die Transformation der Eltern-Kind-Beziehung auch als Folge des jugendlichen Strebens nach Autonomie interpretiert (Hofer/Pikowsky 2002), dann stellt sich die Frage, unter welchen Bedingungen Jugendliche die für eher gleichberechtigte Interaktionen notwendige Reife und Selbständigkeit ausbilden. Arbeiten aus der Erziehungsstilforschung (zusf. Steinberg 2001) unterstreichen, dass Jugendliche in verschiedenen Bereichen der Persönlichkeitsentwicklung von einem *autoritativen Erziehungsverhalten* profitieren, das gekennzeichnet ist durch hohe Erwartungen an die kindliche Selbständigkeit, Autonomieunterstützung und rationale Disziplinierungsstrategien. Daraus lässt sich ableiten, dass ein autoritativer Erziehungsstil dazu beiträgt, dass Jugendliche eine erarbeitete Identität (i. S. Marcia's 1980) entwickeln und dies wiederum die Wahrscheinlichkeit retroaktiver Sozialisationsprozesse erhöht. In diesem Sinne berichten Gerber und Wild (2001), dass Mütter umso eher eine Einflussnahme von Seiten ihrer jugendlichen Kinder wahrnehmen, je mehr sie bemüht sind, die Selbständigkeit ihrer Kinder zu fördern und bestehende Regeln mit den älter werdenden Kindern neu zu verhandeln. Im Verlauf des Familienzyklus nimmt bei Müttern mit autoritativem Erziehungsverhalten die Orientierung an ihren Kindern zu, während dies auf Mütter mit autoritärem Erziehungsverhalten nicht zutrifft.

Im Rahmen der Individuationstheorie wird die Transformation der Eltern-Kind-Beziehung im Verlauf des Jugendalters als Folge oder zumindest Begleiterscheinung der wachsenden *Orientierung an Peers* interpretiert. Folgerichtig sollten Jugendliche umso eher ihre Eltern zu beeinflussen versuchen, je mehr sie in Interaktionen mit Gleichaltrigen involviert sind. Gestützt wird diese These durch Befunde von Gerber und Wild (2001), denen zufolge stark peerorientierte Jugendliche eher der Meinung sind, die Ansichten ihrer Mütter beeinflussen zu können. Tatsächlich korrespondiert die Wahrnehmung retroaktiver Sozialisation durch Jugendliche sogar stärker mit dem Grad der Peer-Orientierung als mit dem Ausmaß, an dem sich Jugendliche (auch) an ihren Eltern orientieren. Insofern scheint retroaktive Sozialisation vor allem in jenen Familien stattzufinden, in denen Heranwachsende enge und vertrauensvolle Bindungen zu ihren Eltern unterhalten, ohne diese zugleich als Ratgeber oder Vorbild zu sehen.

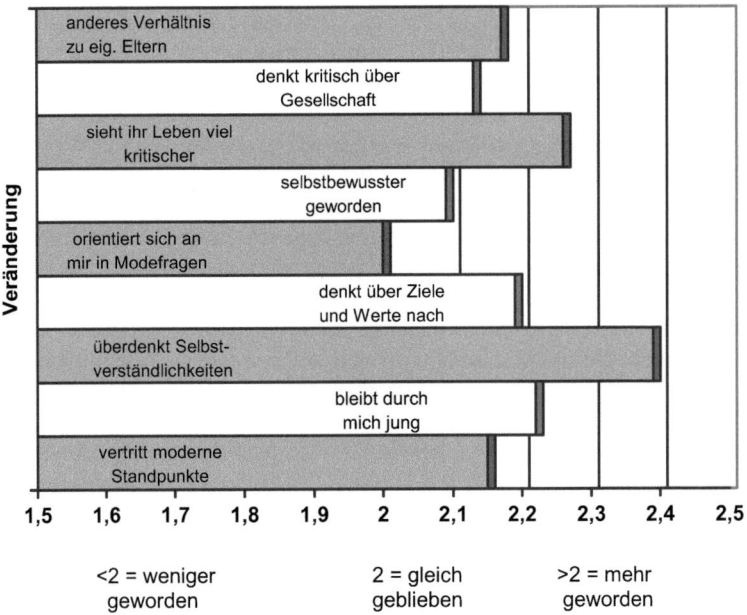

Abbildung 2: Von Töchtern nach der Gründung einer eigenen Familie wahrgenommener Zuwachs an retroaktiver Sozialisation

Indirekte Belege für individuationstheoretische Annahmen finden sich schließlich auch in Arbeiten, in denen Veränderungen der Eltern-Kind-Beziehung in Abhängigkeit vom Familienstatus der Kinder untersucht wurden. Da Töchter im Zuge der Gründung einer eigenen Familie die Elternrolle aus einer neuen Perspektive sehen, Großmütter ihre Töchter mit der neuen Erziehungsverantwortung erleben und es bei der Einbeziehung der Großmütter in die Betreuung der Enkel meist zu einem intensivierten Austausch kommt, sollten in „Drei-Generationen-

Familien" die Bedingungen für individuierte Beziehungen und damit für retroaktive Sozialisation besonders günstig sein. Theoriekonform beschreiben denn auch Töchter und Mütter ihre Beziehung häufiger als „peer-like", wenn erstere nicht länger kinderlos sind (Rossi/Rossi 1990). Diese Symmetrie wiederum scheint retroaktive Sozialisationsprozesse erwartungsgemäß zu begünstigen, denn beide Seiten nehmen nach der Geburt des Enkels entsprechende Veränderungen häufiger wahr als in der Zeit davor (vgl. Abb. 2).

3.3 Personenseitige Bedingungen retroaktiver Sozialisation

Neben den skizzierten interpersonalen Einflussfaktoren kommen vielfältige personenbezogene Merkmale als potentielle Bedingungen retroaktiver Sozialisation in Betracht. Besonders durchgängig wird in der Literatur auf das *Geschlecht des Jugendlichen bzw. Elternteils* hingewiesen, da von ihm die Enge der Beziehung abhängt: „The mother-daughter-bond is the strongest throughout life, families are held together by mother-daughter-linkages" (Troll 1987).

Die starke Bindung zwischen Müttern und Töchtern wird überwiegend als Ergebnis geschlechtsspezifischer Sozialisation interpretiert, dessen Bewertung allerdings je nach theoretischer Perspektive variiert. Während in psychologischen Arbeiten die Vorteile einer engen Bindungen betont werden, stellt sich die Mutter-Tochter-Beziehung aus feministischer Sicht als ein Ablösungsprozess ohne Ende dar (Franck 1983), als eine hochambivalente Symbiose, die ein Leben lang besteht Chodorow (1985). Eine integrative Sicht betont die Anpassungsleistungen, die das fortlaufende Bemühen um Verbundenheit und Abgrenzung von beiden Seiten abverlangt. Sie lassen die Austauschbeziehungen zwischen den Generationen besonders konfliktanfällig werden, eröffnen aber gleichzeitig die Möglichkeit einer wechselseitigen Beeinflussung.

Eher uneinheitliche Ergebnisse liegen zur Rolle des *Alters der Kinder* vor. Längsschnittliche Analysen lassen vermuten, dass im Laufe des Jugendalters zumindest nicht von einer linearen Zunahme retroaktiver Sozialisation auszugehen ist. Am ehesten scheint es den Kindern in der frühen Jugendphase zu gelingen, ihre Mütter zu beeinflussen. Bereits in der mittleren Adoleszenz scheint sich dagegen die Beziehung wieder so weit eingespielt zu haben, dass die mütterliche Offenheit gegenüber jugendtypischen Einstellungs- und Verhaltensweisen abnimmt (Gerber/Wild 2001). In der Altersspanne von 16 bis 35 Jahren zeigten sich keine Unterschiede mehr im Ausmaß retroaktiver Sozialisation in Abhängigkeit vom Alter (Buhl 1994). Dies gilt auch dann, wenn die räumliche Nähe zwischen den Generationen, die finanzielle (Un-) Abhängigkeit der Kinder von ihren Eltern oder die Reziprozität der Verhaltensweisen von Eltern und Kindern berücksichtigt wird (Buhl 1994; Wiersing 1996).

Annahmen schließlich, wonach die *Dauer und Qualität der Schulbildung der Kinder* positiv mit dem Grad retroaktiver Sozialisation kovariieren, lassen sich empirisch bislang nicht belegen. Ebenso wenig finden sich Unterschiede in Abhängigkeit vom Bildungsabschluss oder dem Berufsstatus der Eltern (Stecher/Zinnecker 1993, Wiersing 1996). Einschränkend muss jedoch betont werden, dass aufgrund methodischer Einschränkungen – bei den vorliegenden Studien wurden relativ kleine, nicht repräsentative Stichproben meist querschnittlich erfasst – eine abschließende Bewertung unzulässig erscheint. Insofern bleibt eine Klärung der Relevanz von Bildung zukünftigen Längsschnittstudien vorbehalten, in denen die Qualifikationen und Kompetenzen von Jugendlichen und ihren Eltern spezifischer (z.b. im Sinne von kommunikativer Kompetenz, Argumentationsintegrität oder domainspezifischem Wissen) erfasst wird als über Bildungsabschlüsse oder grobe Schichtindikatoren.

4. Fazit und Ausblick

Ziel dieses Beitrags war es, theoretische Überlegungen und (erste) empirische Befunde zu retroaktiven Sozialisationsprozessen zusammenzutragen. Am Ausgangspunkt unserer Überlegungen standen dabei gesellschaftliche und wissenschaftsimmanente Entwicklungen, die es besonders dringlich und vielversprechend erscheinen lassen, intergenerationale Beziehungen nicht länger nur unter dem Aspekt einseitiger Erziehungsbemühungen der Eltern zu betrachten, sondern statt dessen die wechselseitigen Einflussversuche zwischen Eltern und (jugendlichen) Kindern in Blick zu nehmen.

Auch wenn die vorgestellten Befunde aufgrund ihres explorativen Charakters als vorläufig zu werten sind, weisen sie doch zusammenfassend darauf hin, dass retroaktive Sozialisationsprozesse von Eltern und „Kindern" wahrgenommen werden und sich im Verhalten der Mütter, vor allem aber in ihren Einstellungs- und Denkweisen niederschlagen: durch den Einfluss ihrer Töchter scheinen sie offener und toleranter, selbstkritischer und zugleich selbstbewusster zu werden.

Im Gegensatz zu theoretischen Überlegungen vornehmlich soziologischer Provenienz liefert der Forschungsstand (noch) keine Anhaltspunkte dafür, dass strukturelle Bedingungen wie der sozioökonomische Status der Eltern oder aber die Bildung von Eltern und ihren Kindern die Wahrscheinlichkeit bilateraler Sozialisationsprozesse erhöht. Auch normative Einflüsse (z.B. der Auszug aus dem Elternhaus) scheinen sich erst dann im Grad retroaktiver Sozialisation niederzuschlagen, wenn sie die Beziehung und Kommunikation zwischen Eltern und ihren Kindern beeinflussen.

Generell kommt die besondere Bedeutung dieser Aspekte in differentialpsychologischen Analysen zum Ausdruck, denen zufolge retroaktive Sozialisation vor allem in jenen Familien berichtet wird, in denen harmonische Beziehungen vorherrschen, Konflikte argumentativ ausgetragen werden und intergenerationale Diskurse zum Aufbau individuierter Eltern-Kind-Beziehungen geführt wurden. Da eine solche Transformation der ursprünglich asymmetrischen Beziehung nicht einseitig von Eltern oder Kindern vorangetrieben werden kann, rücken weitere personenseitige Bedingungen in den Blick, die mittelbar die Wahrscheinlichkeit retroaktiver Sozialisation erhöhen. Auf Seiten der Eltern ist hierbei die Realisierung einer autoritativen Erziehung zu nennen, die Jugendliche in ihrem Streben nach Selbständigkeit anerkennt und fordert. Mit Blick auf die Heranwachsenden konnte weiterhin der Grad der Peerorientierung als eine Variable identifiziert werden, die systematisch mit dem Grad der retroaktiven Sozialisation kovariiert.

Auch wenn sich die berichteten Befunde gut in ein Gesamtbild integrieren lassen, in dem personenbezogene und familienstrukturelle Merkmale nur indirekt über die Qualität der Eltern-Kind-Beziehung – als der eigentlich entscheidenden Bedingung für retroaktive Sozialisation – zum Tragen kommen, bleiben viele Fragen offen. Aus dem breiten Spektrum interpersoneller Beziehungen konnten erst ausgewählte Dimensionen berücksichtigt werden, und auch unter den personenseitigen Bedingungen sind potentiell bedeutsame Persönlichkeitsmerkmale von Eltern und Kindern bislang nicht untersucht worden. Aus systemtheoretischer Perspektive sind zudem andere Subsysteme wie die Ehepaarbeziehung oder das Verhältnis von Jugendlichen zu Geschwistern in Rechnung zu stellen.

So bleibt zu hoffen, dass retroaktive Sozialisation als ein komplexes und interessantes Phänomen in der zukünftigen Forschung stärkere Berücksichtigung finden wird.

Literatur

Ambert, A.-M. (1992): The effect of children on parents. New York, London, Sydney: The Haworth Press.

Baltes, P. B. (1990): Entwicklungspsychologische Lebensspanne. Theoretische Grundsätze. Psychologische Rundschau, 41, 1-24.

Bengtson, V. L./Troll, L. (1978): Youth and their Parents: Feedback and Intergenerational Influences in Socialization. In: Lerner, R. M./Spanier, G. B. (Eds.): Child Influences on Marital and Family Interaction. A life-span Perspective. New York: Academic Press, 215-240.

Breitwieser-Jakoby, B. (1996): Veränderungen der Mutter-Tochter-Beziehung durch die Geburt des ersten Kindes der Tochter. Wer beeinflusst wen? Unveröffentlichte Diplomarbeit. Lehrstuhl Erziehungswissenschaft II, Universität Mannheim.

Buhl, M. (1994): Retroaktive Sozialisation zwischen erwachsenen Töchtern und ihren Müttern. Eine qualitative und quantitative Untersuchung. Unveröffentlichte Diplomarbeit. Lehrstuhl Erziehungswissenschaft II, Universität Mannheim.

Chodorow, N. (1985): Das Erbe der Mütter. Psychoanalyse und Soziologie der Geschlechter. München: Verlag Frauenoffensive.

Franck, B. (1983): Ich schaue in den Spiegel und sehe meine Mutter. Gesprächsprotokolle mit Töchtern. Hamburg: Hoffmann und Campe.

Gerber, J./Wild, E. (2001): Retroaktive Sozialisationsprozesse als Funktion der Qualität der Eltern-Kind-Beziehung. Vortrag gehalten auf der 15. Tagung der Fachgruppe Entwicklungspsychologie in Potsdam.

Grotevant, H. D./Cooper, C. R. (1986): Individuation in family relationships. A perspective in individual differences in the development of identity and role-taking skill in adolescence. Human Development, 29, 82-100.

Hofer, M. (2003): Selbständig werden im Gespräch: Wie Jugendliche und Eltern ihre Beziehung verändern. Bern: Huber & Lange.

Hofer, M./Wild, E./Noack, P. (Hrsg.) (2002): Lehrbuch der Familienbeziehungen. Eltern und Kinder in der Entwicklung. 2. Auflage. Göttingen: Hogrefe.

Hofer, M./Pikowsky, B. (2002): Familien mit Jugendlichen. In. Hofer, M./Wild, E./ Noack, P. (Hrsg.): Lehrbuch der Familienbeziehungen. Eltern und Kinder in der Entwicklung. 2. Auflage. Göttingen: Hogrefe, 241-264.

Hofer, M./Kracke, B./Noack, P./Klein-Allermann, E./Kessel, W./Jahn, U./Ettrich, U. (1995): Der soziale Wandel aus Sicht ost- und westdeutscher Familien, psychisches Wohlbefinden und autoritäre Vorstellungen. In: Hauck, B./Schneider, N./Tölke, A. (Hrsg.): Familie und Lebenslauf im gesellschaftlichen Umbruch. Stuttgart: Enke, 154-171.

Hurrelmann, K. (1993): Einführung in die Sozialisationstheorie: Über den Zusammenhang von Sozialstruktur und Persönlichkeit. Weinheim: Beltz.

Inglehart, R. (1998): Modernisierung und Postmodernisierung. Kultureller, wirtschaftlicher und politischer Wandel in 43 Gesellschaften. Frankfurt, New York: Campus.

Jugendwerk der Deutschen Shell (Hrsg.) (1985): Jugendliche und Erwachsene '85. Generationen im Vergleich. Opladen: Leske + Budrich.

Klewes, J. (1983): Retroaktive Sozialisation. Einflüsse Jugendlicher auf ihre Eltern. Weinheim und Basel: Beltz.

Krappmann, L. (1994): Sozialisation und Entwicklung in der Sozialwelt gleichaltriger Kinder. In: Schneewind, K. A. (Hrsg.): Psychologie der Erziehung und Sozialisation (Enzyklopädie der Psychologie, Themenbereich D, Serie 1, Bd. 1). Göttingen: Hogrefe, 495-524.

Larson, R. W. (2002): Globalization, societal change, and new technologies: What they mean for the future of adolescence. Journal for Research on Adolescence, 12, 1-30.

Mannheim, K. (1928): Das Problem der Generationen. In: Kölner Vierteljahresheft für Soziologie, 7, 157-185 und 309-330. Wieder abgedruckt in Wolf, K. H. (Hrsg.) (1970): Wissenssoziologie. Berlin: Luchterhand, 509-565.

Marcia, J. E. (1980): Identity in adolescence. In: Adelson, J. (Ed.): Handbook of adolescent psychology. New York:Wiley, 159-187.

Mead, M. (1970): Culture and commitment. A study of the generational gap. New York: Natural Hist. Pr., Doubleday.

Melzer, W./Schmidt, L. (1991). Jugend und Familie in beiden Teilen Deutschlands. In: Melzer, W. et al. (Hrsg.): Osteuropäische Jugend im Wandel. Weinheim: Juventa, 207-220.

Nauck, B. (1989): Individualistische Erklärungsansätze in der Familienforschung: Die rational-chioce-Basis von Familienökonomie, Ressourcen- und Austauschtheorien. In: Nave-Herz, R./Markefka, M. (Hrsg.): Handbuch der Familien- und Jugendforschung. Band 1: Familienforschung. Neuwied: Luchterhand, 45-61.

Noack, P. (2002): Familie und Peers. In: Hofer, M./Wild, E./Noack, P. (Hrsg.): Lehrbuch der Familienbeziehungen. Eltern und Kinder in der Entwicklung. 2. Auflage. Göttingen: Hogrefe, 143-167.

Papastefanou, Ch. (1997): Auszug aus dem Elternhaus. Aufbruch und Ablösung im Erleben von Eltern und Kindern. Weinheim: Juventa.

Plomin, R. (1999): Gene, Umwelt und Verhalten: Einführung in die Verhaltensgenetik. Bern: Huber.

Reinders, H./Wild, E. (2003): Adoleszenz als Transition und Moratorium. Plädoyer für eine Integration gegenwarts- und zukunftsorientierter Konzeptionen von Jugend. In: Reinders, H./Wild, E. (Hrsg.): Jugendzeit – Time Out? Zur Ausgestaltung des Jugendalters als Moratorium. Lehrtexte Soziologe. Opladen: Leske + Budrich, 15-36.

Rossi, A. S./Rossi, P. H. (1990): Of Human Bonding. Parent-Child Relations across the Life Course. New York: de Gruyter.

Stecher, L./Zinnecker, J. (1993): Kulturelle Orientierungen von Eltern und ihren jugendlichen Kindern. Variationen in gegenwärtigen deutschen Familien und deren Bedingungen. Siegen: Universität-Gesamthochschule Siegen.

Steinberg, L. (2001): We know some things: Parent-adolescent relationships in retrospect and prospect. Journal of Adolescence, 1, (1), 1-19.

Troll, L. E. (1987): Mother-daughter relationships through the life span. Applied-Social-Psychology-Annual 7, 284-305.

Wiersing, J. (1996): Retroaktive Sozialisation in Abhängigkeit von Dauer und Qualität der Schulausbildung. Unveröffentlichte Diplomarbeit. Lehrstuhl Erziehungswissenschaft II, Universität Mannheim.

Youniss, J. (1980): Parents and peers in social development. Chicago: The University Press.

Zinnecker, J. (1991): Jugend als Bildungsmoratorium. Zur Theorie des Wandels der Jugendphase in west- und osteuropäischen Gesellschaften. In: Melzer, W. et al. (Hrsg.): Osteuropäische Jugend im Wandel. Weinheim: Juventa, 9-25.

Zinnecker, J. (2000): Selbstsozialisation. Essay über ein aktuelles Konzept. In: Zeitschrift für Soziologie der Erziehung und Sozialisation, 20, 272-290.

Soziales Kapital – Konzeptionelle Überlegungen und Anwendung in der Jugendforschung

Social Capital – Theoretical Considerations and Application to Youth Research

Dirk Baier, Bernhard Nauck

Zusammenfassung: In diesem Beitrag werden zunächst verschiedene Sichtweisen auf das mehrdeutige Konzept des sozialen Kapitals vorgestellt. Aus einer akteurstheoretischen Perspektive heraus wird dann argumentiert, dass unter sozialem Kapital diejenigen materiellen und immateriellen Ressourcen verstanden werden sollten, die einem Akteur auf Basis der Beziehungen innerhalb seiner Netzwerke zugänglich sind und die einen allgemeinen Nutzen für seine Handlungsrealisierung besitzen. Zu unterscheiden sind zwei Formen sozialen Kapitals: Das expressive Sozialkapital bezeichnet die *strong ties*, die der Sozialintegration dienen, das instrumentelle Sozialkapital eher die *weak ties*, die Systemintegration ermöglichen. Es wird dafür plädiert, entsprechend der Auffassung, dass soziales Kapital eine Beziehungsnetzwerken immanente Ressource ist, bei dessen empirischer Untersuchung verstärkt Verfahren der Netzwerkanalyse zu nutzen, von denen die wichtigsten erläutert werden. Vor dem Hintergrund der theoretischen und methodischen Ausführungen wird abschließend der aktuelle Stand der Sozialkapitalanalyse in der Jugendforschung diskutiert, die durchaus den Wert des Sozialkapitalansatzes erkannt hat. Dennoch geschieht die Untersuchung der sozialen Beziehungen bislang weitestgehend ohne theoretische Einbettung und einheitliche Operationalisierung. Es werden daher Anregungen formuliert, wie die Jugendforschung vom vorgestellten allgemeinen Modell des Sozialkapitals profitieren könnte.

Abstract: This chapter discusses different theoretical concepts of social capital. From the perspective of rational choice theory it is argued that social capital can be defined as resources situated in the social network of an individual which are used for social action. Two forms of social capital can be distinguished: Expressive social capital is captured by strong ties that provide social integration. Instrumental social capital is located in weak ties that facilitate system integration. Because it is argued that social capital are resources due to its position in a social network, analysis of social capital should generally revert to methods of social network analysis. Three ways of investigation such networks are presented. In addition, the article discusses the actual practice of social capital analysis in youth research. Social relations are an important part of youth research but most of the research is not done on a theoretical basis or an integrative methodical understanding. A number of ideas are presented how youth research may benefit from a general theory of social capital.

1. Soziales Kapital – ein ambivalentes Konzept

Seit einigen Jahren wird in der Soziologie ein Konzept thematisiert, dessen Bedeutung alles andere als klar ist: das soziale Kapital. Mit anderen erfolgreichen soziologischen Begriffs-Exporten teilt es das Schicksal, dass jedermann auch außerhalb der wissenschaftlichen Gemeinde darüber spricht, ohne dass es eine einheitliche Definition gibt. Dies führt letztlich dazu, dass es als ‚catch all' benutzt wird: Mit sozialem Kapital wird die Hoffnung verknüpft, dass sein Besitz sowohl Personen als auch ganze Gemeinschaften und sogar Gesellschaften positiv beeinflusst. Es erhöht die individuelle ebenso wie die kollektive Wohlfahrt, indem es Aufstieg ermöglicht, Integration realisiert, Vertrauen entstehen lässt usw. Der Charme dieses Konzepts resultiert aus der Verbindung von zwei allem Anschein nach widersprüchlichen Elementen, da Kapital den alltagsweltlichen Verweis auf etwas Monetäres mit sich führt, das sich aber entsprechend der attributiven Konkretisierung nicht im Besitz einer einzelnen Person befindet, sondern ‚irgendwie' zwischen den Menschen existiert.

Die zu beobachtende Mehrdeutigkeit des Begriffs besteht in verschiedener Hinsicht. Dabei geht es u.a. um die Fragen, was man überhaupt unter sozialem Kapital verstehen sollte (1), wie man es empirisch erfassen kann (2), welcher modelltheoretische Status ihm zukommt (3) und was für Folgen es hervorruft (4).

(1) Zurzeit existiert eine Vielzahl an Definitionsversuchen. Haug (1997) bspw. referiert neun Autoren und deren Begriffsexplikationen. Daraus leitet sie fünf Dimensionen sozialen Kapitals ab: Soziales Kapital als Ressource, Netzwerk, Vertrauen, soziale Norm und Kollektivgut. Auch Esser (2000) unterscheidet insgesamt sechs Verwendungsweisen dieses Begriffs, die sich zu zwei Betrachtungsebenen aggregieren lassen. Ganz ähnlich fallen die Differenzierungen von Paldam (2000) aus, der drei, und Lin (2001, 21ff.), der zwei Verwendungsweisen unterscheidet. Insgesamt scheint die Auffassung von Lin den kleinsten gemeinsamen Nenner der Definitionen von Sozialkapital[1] wiederzuspiegeln: Soziales Kapital ist einerseits eine individuelle Ressource, „entstehend aus konkreten persönlichen Beziehungen in Form von Dyaden, Triaden usw. innerhalb von (egozentrierten) sozialen Netzwerken aus der Mikro-Perspektive" (Haug 1997, 39); andererseits ist es eine Eigenschaft „von Sozialsystemen im Sinne des Gesamt-Kapitals von Gesellschaften aus der Makro-Perspektive" (ebd., 39f.).

(2) Bezüglich der Operationalisierung und Messung ist dem Urteil von Paldam (2000, 649) zuzustimmen: „In social capital a distinct imbalance exists: There is much more theory and speculation than measurement". Die Vielzahl an Definitionen geht mit einer geringen Anzahl an brauchbaren Instrumenten zur Erfassung sozialen Kapitals einher. Insbesondere makrosoziologisch orientierte Operationalisierungen besitzen dabei häufig eine tautologische Komponente, da die vorgeschlagenen Bestandteile sozialen Kapitals

---

1   Die Begriffe „soziales Kapital" und „Sozialkapital" werden hier synonym benutzt.

(z.B. Vertrauen, Normbindung, Partizipation) mit den vermuteten Folgen gleichgesetzt werden.

(3) Der Frage nach der richtigen empirischen Erfassung vorgeordnet ist die nach dem modelltheoretischen Status sozialen Kapitals. In Analysen, die sich auf die Individualebene beziehen (z.B. zur beruflichen Mobilität), erscheint soziales Kapital als eine neben dem Humankapital existierende Ursache für sozialen Aufstieg. Analysen, die eher die Gesellschaftsebene im Blick haben, untersuchen hingegen, was zum kollektiven Anstieg oder Rückgang des Sozialkapitals geführt hat. Insofern ist soziales Kapital einerseits unabhängige, andererseits abhängige Variable. Es „scheint als Sammelbegriff für (besonders positiv bewertete) Ursachen und Wirkungen gleichermaßen Verwendung zu finden" (Haug 1997, 26).

(4) Die Fixierung auf vor allem positive Folgen kritisiert Portes (1998, 21): „Social ties can bring about greater control over wayward behavior and provide privileged access to resources; they can also restrict individual freedoms and bar outsiders from gaining access to the same resources through particularistic preferences". Soziales Kapital kann demnach auch negative Auswirkungen auf Individuen haben, wobei u.a. auf folgende Punkte hingewiesen wird: Netzwerke, die besonders dicht und geschlossen sind, verhindern den Zugang Dritter und halten diese von wertvollen Ressourcen fern; derartige Netzwerke können zudem ein hohes Maß an Konformität erzeugen und individuelle Freiheitsgrade reduzieren; soziales Kapital hilft bestimmten Subkulturen, sich zu reproduzieren; und es ermöglicht die Persistenz von Ungleichheitsstrukturen, da soziale Mobilität nicht nur von Leistung und Bildung abhängig ist, sondern auch davon, ob man die ‚richtigen Leute' kennt.

Die nachfolgenden Ausführungen beanspruchen nicht, all diese Mehrdeutigkeiten zu beheben. Allerdings wird der Versuch unternommen, zum Einen aus dem struktur-individualistischen Paradigma eine einheitliche Definition sozialen Kapitals, die sich im Wesentlichen an Lin (2001) anlehnt, abzuleiten, wobei dezidiert die Mikroperspektive und der individuelle Nutzenaspekt in den Vordergrund gerückt wird. Zum Zweiten leitet sich aus dieser Definition eine empirische Erhebungsmethode und damit Operationalisierung sozialen Kapitals ab, die sich an den Verfahren der Netzwerkanalyse orientiert. Vor dem Hintergrund der theoretischen Ausführungen wird anschließend die derzeitige Praxis der Sozialkapitalanalyse in der Jugendforschung beleuchtet und auf zukünftige Forschungsfelder hingewiesen.

2. Eine theoretische Einbettung

Soziales Kapital erscheint in zeitgenössischen Ansätzen als Handlungsressource eines Individuums, die neben dem ökonomischen, kulturellen und Humankapital einzuordnen ist. Mit *ökonomischem Kapital* wird eine zu wirtschaftlichen Zwecken einsetzbare physische und finanzielle Ressource bezeichnet, d.h. vor allem Geld und Eigentum (Esser 2000, 213). Im Zuge der Modernisierung von modernen Gesellschaften und ihrer Umstellung auf Wissensökonomien hat sich aber gezeigt, dass solch ein materieller Kapitalbegriff unzureichend ist. Dementsprechend sieht Becker (1982) auch die Fähigkeiten und Fertigkeiten der Menschen als Kapital an (*Humankapital*), in das bewusst investiert wird, um wertvolle Qualifikationen zu erhalten. Das neu ‚entdeckte' Humankapital stellt selbst eine Art Teilmenge des *kulturellen Kapitals* dar, welches vor allem Bourdieu (1983, 1987) untersucht. Er unterscheidet drei Formen: das inkorporierte, objektivierte und institutionalisierte Kulturkapital. Das erste bildet den vor allem in der Familie sozialisierten Habitus einer Person. Das zweite äußert sich in Kulturprodukten und das dritte ist über Bildungstitel nachweisbar und entspricht damit weitestgehend dem Humankapital. Das *soziale Kapital* passt sich in diese Liste der Kapitalien ein, indem es verstanden werden kann als Investitionen in soziale Beziehungen bzw. soziale Netzwerke.

Im Vergleich zu den anderen Kapitalien unterscheidet sich das soziale Kapital jedoch in dreierlei Hinsicht: Erstens ist es heteronom, d.h. der Nutzen, den man aus ihm ziehen kann, ist in hohem Maße von anderen Akteuren abhängig. „Anders als andere Kapitalformen wohnt soziales Kapital den Beziehungsstrukturen inne" (Coleman 1995, 392). Soziales Kapital ist also eine soziale Ressource (Lin 2001, 43ff.). Dies bedeutet aber gleichzeitig, dass das soziale Kapital mit den Kapitalien der verbundenen Akteure steigt. Zweitens erfolgt damit die Akkumulation im Gegensatz zu den anderen Kapitalien exponentiell. Die Profitkurve wird nur aus dem Grund ‚gesättigt', weil auch in dieses Kapital investiert werden muss: „Für die Reproduktion von Sozialkapital ist eine unaufhörliche *Beziehungsarbeit* in Form von ständigen Austauschakten erforderlich, [… wobei; d. A.] Zeit und Geld und damit, direkt oder indirekt, auch ökonomisches Kapital verausgabt" wird (Bourdieu 1983, 193). Wenn ein Netzwerk zu groß wird, nähern sich Kosten der Pflege und Nutzen der Freund- und Bekanntschaften an und auf die Erweiterung des Netzwerkes wird verzichtet. Der dritte Unterschied ist die Spezifität des sozialen Kapitals: Im Gegensatz zu anderen Kapitalien ist es sehr viel schwieriger transferierbar, d.h. die Aneignung ist immer konkret an einen Akteur und seine Netzwerke bzw. Positionen gebunden.

Soziales Kapital stellt damit einerseits ein Kapital wie jedes andere dar, d.h. eine Ressource; andererseits hat es auch Besonderheiten, was die Beschaffung und Konvertierbarkeit angeht. Diese Auffassung, dass es eine Handlungsressource ist, unterscheidet sich von Ansätzen, die folgende Analyseebenen fokussieren:

Meso-und-Makro-Ebene:[2]

Auf diesen Ebenen bewegt sich in erster Linie der Definitionsversuch von Putnam (1995, 665), der schreibt: „Social capital, in short, refers to social connections and the attendant norms and trust." Netzwerke, die die Mesostruktur, und Normen, die die Makrostruktur einer Gesellschaft bestimmen, sind im Falle ihrer Existenz zentrale Einrichtungen, um die Koordination der Akteure und damit kooperatives Handeln zu ermöglichen. Dies führt zur Bereitstellung von Kollektivgütern. Soziales Kapital wird so zu einer Ressource von „regionalen und nationalen Gesellschaften oder Teilen davon" (Offe/Fuchs 2001, 417).

Meso-Ebene:

Von Bourdieu (1983, 190f.) stammt eine Definition sozialen Kapitals, die hauptsächlich auf die Beziehungsstruktur der Akteure abstellt: „Das Sozialkapital ist die Gesamtheit der aktuellen und potentiellen Ressourcen, die mit dem Besitz eines dauerhaften Netzes von mehr oder weniger institutionalisierten *Beziehungen* gegenseitigen Kennens oder Anerkennens verbunden sind; oder, anders ausgedrückt, es handelt sich dabei um Ressourcen, die auf der *Zugehörigkeit zu einer Gruppe* beruhen." Das soziale Kapital steigt in dem Maße, in dem ein Akteur einer Gruppe mit hohem ökonomischen, kulturellen oder Humankapital angehört. In diesem Fall kann das Kapital als eine Art Kredit eingesetzt werden.

Mikro-in-Makro-Ebene:

Diese Charakterisierung trifft vor allem die Intention von Coleman (1988, 98), der auf die individuelle Einbettung rekurriert: „Social capital is defined by its function. It is no single entity but a variety of different entities, with two elements in common: they all consist of some aspect of social structure, and they faciliate certain actions of actors – whether persons or coperate actors – within the structure." Die Sozialstruktur einer Gesellschaft bestimmt die Ressourcenausstattung und damit die Interessen- und Kontrollbeziehungen der Akteure untereinander, auf deren Basis Handlungen ermöglicht werden. In dieser Konzeption wird zwar die Mikroebene integriert, allerdings erscheint der Akteur –

---

2   Wenn im folgenden von der *Mikroebene* die Rede ist, dann ist damit die Ebene der Akteure und deren absichtsvollen Handelns angesprochen; die *Mesoebene* umfasst vor allem die sozialen Beziehungsstrukturen, in die die Akteure eingebettet sind, und in denen sie mit anderen Akteuren interagieren; schließlich handeln Akteure auch unter den Bedingungen der institutionellen Struktur der Gesellschaft als Ganzer, was als *Makroebene* bezeichnet wird (Nauck/Schönpflug 1997).

ähnlich wie bei Bourdieu – die Verhältnisse und damit sein Beziehungsnetzwerk nicht aktiv in einer rationalen Weise beeinflussen zu können. Er ist auf die existierenden Bedingungen, d.h. die gesellschaftlichen Verhältnisse zurückgeworfen. Erst wenn Normen oder Herrschaftsbeziehungen als Makrophänomen vorhanden sind, kann er auch auf dieses Sozialkapital zurückgreifen.

Allen drei referierten Auffassungen ist damit gemeinsam, dass sie ihren analytischen Fokus auf die überindividuelle Ebene gelegt haben. Sie beschäftigen sich mit den Fragen „how certain groups develop and more or less maintain social capital as a collective asset and [...] how such a collective asset enhance group members' life chances" (Lin 2001, 22). Es ist nicht zu bezweifeln, dass ein derartiges Sozialkapital existiert und die situationalen Umstände individuellen Handelns beeinflusst. Ob hierfür aber der Begriff des sozialen Kapitals geeignet ist, ist zweifelhaft. Im Sinne des struktur-individualistischen Paradigmas ist ein Kapital vielmehr „die akkumulierte und kontrollierte Menge der – primären wie indirekten – Zwischengüter, mit denen sich soziale Wertschätzung und physisches Wohlbefinden erzeugen lässt" (Esser 2000, 212). Der Kapitalbegriff ließe sich demnach nur in Bezug auf einen Akteur sinnvoll gebrauchen, der es einsetzt, um sein Wohlbefinden zu steigern. Dieser aktiven Rolle des Individuums wird derzeit vor allem eine vierte Perspektive auf soziales Kapital gerecht.

Mikro-in-Meso-Ebene:

Hier steht im Vordergrund, inwieweit Individuen in Beziehungsnetzwerke eingebettet sind und wie sie aus ihrer Positionierung bspw. als Brücke zu anderen Netzwerken einen Profit schlagen können (Burt 1992). Für Flap (1995, 1) „someone's social relations can be interpreted as his social capital since they are instrumental for his goal attainment". Ganz ähnlich definiert Lin (2001, 25) soziales Kapital als „resources embedded in social networks accessed and used by actors for action. Thus, the concept has two important components: (1) it represents resources embedded in social relations [...] and (2) access and use of such resources reside with actors." Obwohl der individuelle Nutzen des sozialen Kapitals im Vordergrund steht, wird die Sozialstruktur nicht ausgeblendet. Bei Lin (2001) geschieht dies, indem davon ausgegangen wird, dass die sozialen Ressourcen in Form von Positionen und Autoritäten einer hierarchischen Verteilung unterliegen. Beziehungen zu Akteuren mit wertvollen Ressourcen (Reichtum, Macht oder Ansehen) erleichtern dann die Realisierung einer Form des Handelns, und zwar des instrumentellen Handelns.

Folgt man dieser theoretischen Perspektive, dann beschreibt soziales Kapital diejenigen materiellen und immateriellen Ressourcen, die einem Akteur auf Basis der Beziehungen innerhalb seiner Netzwerke zugänglich sind und die einen allgemeinen Nutzen für seine Handlungsrealisierung besitzen. Der Nutzen sozialen Kapitals ist vor dem Hintergrund der menschlichen Bedürfnisse zu spezifizieren. Hierzu kann die Theorie der sozialen Produktionsfunktionen herangezogen werden. Diese nimmt an, dass das ultimative Ziel menschlichen Handelns darin besteht, subjektives Wohlbefinden zu erreichen (vgl. Ormel/Lindenberg/ Steverink/Verbrugge 1999). Hierfür versuchen Menschen mindestens zwei Dinge zu maximieren: Soziale Wertschätzung und physisches Wohlbefinden (Lindenberg 1990). Erstere bezeichnet das Ausmaß, in dem der Akteur durch seine Handlungen für ihn positive Sanktionen von seinem sozialen Kontext erfährt. Bei physischem Wohlbefinden geht es darum, dass es dem Akteur gelingen muss, sein Überleben zu sichern und die dafür notwendigen Ressourcen bereitzustellen. Gerade für den Bereich der sozialen Wertschätzung gilt unmittelbar, dass er in direktem Zusammenhang mit dem Ausmaß an sozialem Kapital steht (Nauck 2004). Soziale Wertschätzung setzt sich aus drei Komponenten zusammen: Status, Verhaltensbestätigung und Affekt. „Status refers to relative ranking to other people, based mainly on control over scarce resources. Behavioral confirmation is the feeling one has 'done right' in the eyes of relevant others, even direct reinforcement does not occur. Affection includes love, friendship, and emotional support; it is provided in caring relationship" (Ormel et al. 1999, 68).

Um das übergeordnete Ziel der sozialen Wertschätzung zu erreichen, können diese Zwischenziele von einem Akteur verfolgt und jeweils auch untereinander substituiert werden. Entscheidend ist nun, dass nicht alle diese Zwischenziele durch die gleiche Art sozialen Kapitals produziert werden können, sondern dass sich die sozialen Bedingungen der Produktion von Status, von denen der Produktion von Affekt und Verhaltensbestätigung unterscheiden. Hierzu führt Lin (2001) die Differenz von instrumentellem und expressivem Handeln ein. Expressives Handeln zeichnet sich durch das Motiv der Ressourcenerhaltung aus. „Maintaining one's resources requires recognition by others of one's legitimacy in claiming property rights to these resources or sharing one's sentiment" (ebd., 45). Dieser Bereich sozialen Kapitals findet demnach seinen Nutzen in der Produktion von Affekt und Verhaltensbestätigung. Expressives Sozialkapital dient der Sozialintegration und gewährleistet nach Lin (2001) Gesundheit und Lebenszufriedenheit. Affekt dürfte sich demnach besonders in dichten, multiplexen Netzwerken einstellen, Verhaltensbestätigung in homogamen Netzwerken. Mit Granovetter (1973) sind mit dem Bereich Affekt und Verhaltensbestätigung in erster Linie die *strong ties* eines Netzwerkes angesprochen, die gegenseitige Hilfe und riskante Transaktionen erleichtern, weshalb Esser (2000) auch vom Verpflichtungs- und Vertrauenskapital spricht. Expressives Sozialkapital hat allerdings den Nachteil, dass es einem Akteur mehrheitlich homogene Ressourcen zur Verfügung stellt, die bspw. eine positionale Veränderung nicht ermöglichen.

Zur Verfolgung dieses Status-Zieles dient das instrumentelle Handeln, womit das „motive to seek and gain additional valued resources" (Lin 2001, 46) bezeichnet wird. Für die Erhöhung von Status, und dies wurde bereits mehrfach empirisch gezeigt (Granovetter 1974; Lin 2001), ist soziales Kapital in Form der *weak ties* entscheidend, über die Informationen z.B. über vakante Arbeitsstellen eingeholt werden können. Bei dieser Form des sozialen Kapitals stehen vor allem Beziehungen zu Akteuren im Vordergrund, die mit wertvollen Ressourcen wie Prestige, Reichtum, Macht oder Bildung ausgestattet sind. Existente Beziehungen erleichtern instrumentelles Handeln. Neben den Eigenschaften der Knoten eines Netzwerkes spielt darüber hinaus die Lokation innerhalb des Netzwerkes eine Rolle. Instrumentelles Sozialkapital ist deshalb im doppelten Sinne „Positionskapital" (Esser 2000): Zum einen geht es um die Positionen, die Ego und Alter in der gesamten Sozialstruktur einer Gesellschaft einnehmen; zum anderen ist die Position entscheidend, die Ego im Gesamtnetzwerk einnimmt. Dies drückt sich auch in zwei Postulaten von Lin (2001, 76) aus: „the better the position of origin, the more likely the actor will access and use better social capital [... and; d.A.] the closer individuals are to a bridge in a network, the better social capital they will access for instrumental action." Mit der Verfügung über instrumentelles Sozialkapital geht eine Verfügung über heterogene Ressourcen einher, die einen ,voran bringen' können. Tabelle 1 stellt die genannten Eigenschaften der Kapitalformen gegenüber.

Tabelle 1: Formen sozialen Kapitals

Ebene	Beziehungsebene		Systemebene
Form	expressiv (Vertrauen, Verpflichtung)	instrumentell (Positionen)	institutionell
Nutzen	Gesundheit, Zufriedenheit (Sozialintegration)	Geld, Macht, Ansehen (Systemintegration)	Vertrauen, Kontrolle Moral (Systemstabilität)
SPF-Bereich	Verhaltensbestätigung, Affekt	Status	
Beziehungsart	strong ties	weak ties	strong ties
Ressourcen-beschaffenheit	homogen	heterogen	homogen
Erfassung	Namensgenerator, Gesamtnetzwerkanalyse	Positions- und Ressourcengenerator, Gesamtnetzwerkanalyse, Mitgliedschaften	Vertrauensbereitschaft, gesell. Engagement, Geltung von Normen ...

SPF = Soziale Produktionsfunktionen

Zu ergänzen bleibt, dass auch Sozialkapital auf Systemebene einen individuellen Nutzen nach sich ziehen kann bzw. Rahmenbedingungen für das eigene Handeln setzt. So dürfte ein vertrauenswürdiges, von Moral und Solidarität geprägtes Umfeld erst die notwendige Sicherheit für instrumentelles oder expressives Handeln gewähren. Es besitzt damit einen mittelbaren Nutzen, wobei der theoretische Stellenwert noch weiterer Explikationen bedarf.[3]

Es lässt sich an dieser Stelle resümieren, dass soziales Kapital in der akteurstheoretischen Perspektive die individuellen Netzwerkmitgliedschaften sowie den daraus resultierenden Nutzen bezeichnet. Dieser kann einerseits gegeben sein, wenn „Beziehungen zu entsprechend gut ausgestatteten bzw. hoch bewerteten Akteuren" bestehen (Albrecht 2002, 203) – dies ist das instrumentelle Sozialkapital. Andererseits ist entsprechend dem expressiven Sozialkapital ein Nutzen von Netzwerken in Bezug auf die Produktion von Affekt und Verhaltensbestätigung und damit die soziale Integration zu erwarten. Vor allem die Jugendforschung kann wichtige Beiträge zum Verständnis von Sozialkapital liefern, da der Aufbau und die Nutzung sozialer Beziehung im Jugendalter einen zentralen Stellenwert einnimmt und eine wichtige Entwicklungsaufgabe darstellt (vgl. Oerter/Dreher 1995).

3. Zur Erfassung sozialen Kapitals

Die bisherigen Vorschläge zur Messung sozialen Kapitals gehen ähnlich wie die Definitionen weit auseinander, ein gemeinsamer Nenner ist kaum zu identifizieren. Diese Pluralität ist vorrangig auf die theoretische Mehrdeutigkeit zurückzuführen, die verschiedene Methoden und Indikatoren als Operationalisierung plausibel erscheinen lässt. So schlägt z.B. van Deth (2003) vor, sowohl strukturelle (Netzwerke), als auch kulturelle Aspekte (Vertrauen, Normen) sozialen Kapitals auf individueller und auf kollektiver Ebene zu erfassen. Ein ähnlich umfangreiches Instrument stellen Stone und Hughes (2002) vor, das verschiedene Formen von Netzwerken (informell, generalisiert, institutionell) unterscheidet und für alle diese Bereiche Indikatoren zu den Dimensionen Vertrauen, Reziprozität, Größe, Dichte und Diversität beinhaltet. Positiv daran ist die Konzentration der Erhebung auf die Mikroebene, nachteilig ist allerdings, dass die Formalität einer Beziehung zugunsten von deren Stärke den Vorzug erhält, d.h. es werden mehr oder weniger nur starke Beziehungen gemessen. Viele andere Operationalisierungen sind erst gar nicht mit derartigen Einwänden konfrontiert, weil sie nur

---

3   Zugleich ist es auch nicht uneingeschränkt nützlich, wenn eine Gemeinschaft dicht und geschlossen ist, da dies, wie eingangs anhand der negativen Folgen erwähnt, auch Ausgrenzung, blinde Konformität usw. erzeugt.

Proxy-Variablen nutzen. „Proxies are ‚easy variables' either by being already measured or by being easy to measure [...] The presumption is that proxies have a distance from the definition" (Paldam 2000, 631). In dieser Tradition befinden sich derzeit viele Ansätze der Jugendforschung, die in Anlehnung an die Initial-studie von Coleman (1988) mit der Unterscheidung familieninternes vs. familien-externes Sozialkapital arbeiten. Notwendig erscheint aber ein theoretisch fun-diertes Instrumentarium zur Messung von sozialem Kapital von Jugendlichen.

Mit der Festlegung, soziales Kapital als den Nutzen zu betrachten, den ein Akteur aus seinen Netzwerkbeziehungen zieht, stehen im Prinzip nur solche Messverfahren zur Auswahl, die diese Mikro-in-Meso-Struktur wiederzuspiegeln vermögen und die die mit den jeweiligen Beziehungen verbundenen Ressourcen-zugänge abbilden. Der empirische und der theoretische Fokus müssen gleichzei-tig auf den Akteur und seine sozialen Beziehungen sowie deren immanente Res-sourcen gerichtet sein. Hierfür bietet sich ein netzwerkbezogenes Untersu-chungsdesign an, das in Form von egozentrierten oder Gesamt-Netzwerkanaly-sen umgesetzt werden kann (Jansen 2003; Pappi 1998; Wassermann/Faust 1994). Diese Verfahren können auf eine lange Tradition zurückblicken. Der Einsatz der jeweiligen Methode richtet sich natürlich nach der Untersuchungsfrage. Eher selten dürfte es der Fall sein, dass tatsächlich ein gesamtes realistisches oder nominalistisches Netzwerk zu untersuchen ist.[4] Die *large-scale*-Umfragefor-schung mit dem Anspruch der Repräsentativität und/oder Theorieprüfung braucht relativ einfach zu handhabende und auszuwertende Instrumente. Diese werden vor allem durch die unterschiedlichen Verfahren (Generatoren) der ego-zentrierten Netzwerkanalyse zur Verfügung gestellt, die sich dahingehend unter-scheiden, schwache und starke soziale Beziehungen zu erfassen (Jansen 2003). Insofern lassen sich die verschiedenen Generatoren den beiden Bereichen des sozialen Kapitals zuordnen.

3.1 Namensgeneratoren

Dem expressiven Sozialkapital dürfte sich am besten mit dem klassischen Na-mensgenerator zu nähern sein (vgl. Burt 1984; Fischer 1982), der nach verschie-

---

4   *Realistisch* ist eine Netzwerkanalyse, wenn sie eine gesamte, natürliche Gruppe untersucht (z.B. ganze Schulklassen), *nominalistisch*, wenn ein vom Forscher vorab definiertes Netzwerk unter-sucht wird (z.B. der Freundschaftskreis des Politikers X). Ähnlich wie diese beiden Formen setzt die Soziometrie auf die Untersuchung von ganzen Netzwerken, d.h. es werden i.d.R. alle Netzwerkmitglieder über die Perzeption von Beziehungen befragt. Zentral für die Soziometrie ist das „Kriterium der Gruppenspezifität" und das „Kriterium der doppelten Identifizierung", d.h. die Daten müssen in einem in seinen Grenzen vorher festgelegten Personenkollektiv ge-wonnen werden und diese Personen müssen sich gegenseitig kennen und benennen können.

denen Tätigkeiten oder Hilfesituationen fragt, für die eine freie oder festgelegte Anzahl an Zielpersonen zu benennen ist. Die Beziehung zwischen Befragtem und Zielperson wird dann durch Anschlussfragen konkretisiert, die die Beziehungsart und -qualität ebenso wie die Ausstattung der Zielperson mit Kapitalien (z.B. über den Schulabschluss oder den Beruf) beinhalten. Die mit diesem Verfahren zu bestimmenden Maßzahlen wie die Anzahl an engen Beziehungen (Netzwerkgröße), die Netzwerkdichte oder die Multiplexität der Beziehungen sollten mit dem Nutzenbereich Affekt und Verhaltensbestätigung und damit dem sozialen Wohlbefinden einen Zusammenhang aufweisen.[5] Wie Diaz-Bone (1997, 210) in seiner Untersuchung verschiedener Versionen von Namensgeneratoren folgert, ist diese Form der Abfrage sozialen Kapitals „besonders gut geeignet, die typische soziale Einbindung von Personen in ihre unmittelbare Umgebung in Massenumfragen zu erheben und zu analysieren". Trotz dieses positiven Befundes sollten die Nachteile der Verfahren nicht vernachlässigt werden. So sind Namensgeneratoren hochgradig von der Erinnerung des Befragten abhängig, viele Beziehungen werden im Interview einfach vergessen. Hinzu kommt, dass gerade Sozialintegration im Prinzip nur mutualistisch funktioniert, bei Namensgeneratoren aber nur die Perspektive des Befragten erhoben wird. Nicht unwichtig ist, dass auch diese Abfrage – vor allem bei einer offenen Anzahl Nennungen – schnell sehr komplex werden kann. Eine Alternative zur Erfassung des expressiven Bereichs bestünde dann darin, nur die Anzahl an Freunden, Familienmitgliedern, Arbeitskollegen und Nachbarn sowie das Ausmaß der Reziprozität, Dichte und Diversität zu erfragen, wie dies Stone und Hughes (2002, 8) vorschlagen.

3.2 Positionsgeneratoren

Für den Bereich des instrumentellen Sozialkapitals wurden erst in den letzten Jahren brauchbare netzwerkbezogene Messmethoden entwickelt. Auch hier gilt, dass sich die Gesamtnetzwerkanalysen, über die Prestige- und Machtwerte, Brückenpositionen usw. bestimmbar wären, als äußerst nützlich erweisen würden, dennoch in den meisten Untersuchungen nicht zu realisieren sind. Aus diesem Grund kann auf die existierenden Positions- und Ressourcengeneratoren zurückgegriffen werden. Der Positionsgenerator besteht aus einer Liste ausgewählter sozialer Positionen, von denen von vornherein die Ressourcenausstattung bestimmbar ist, und fragt danach, ob man Menschen in diesen Positionen direkt kennt oder über Dritte an sie ,herankommen' kann (*weak ties*). Die Positionen

---

5 Andere, nur über Gesamtnetzwerkanalysen bzw. soziometrische Verfahren berechenbare Größen wie die Zentralität sollten in die gleiche Richtung wirken.

können dabei ganz allgemein gewählt werden, wobei z.B. eine repräsentative Auswahl an sozialen Stellungen nach Beruf aufgelistet wird (Haushaltshilfen oder Verkäufern bis hin zu Richtern oder Universitätsprofessoren); andererseits lässt sich dieser Generator auch auf spezielle Untersuchungsfragen zuschneiden – dann müssten z.b. verschiedene Abstufungen an politischen oder wissenschaftsbezogenen Positionen aufgezählt werden. Neben der Frage, ob man eine Person in der Position kennt, ist dann je nach Untersuchungsthema auf weitere Sachverhalte einzugehen, so beispielsweise: ob es sich bei einer existierenden Beziehung um eine reziproke Beziehung handelt, in welcher konkreten Beziehung Ego und Alter miteinander stehen, wie lange man die Person kennt, welchen Status die Person hat, ob man im Falle des Nichtkennens über andere Menschen Personen in dieser Position erreichen kann, welchen Status diese Mittlerperson hat usw. Durch diese Methode lassen sich verschiedene, für die Untersuchung des instrumentellen Sozialkapitals entscheidende Maße berechnen, wie den „(1) range of accessibility to different hierarchical positions in the society (the distance between the highest and lowest accessed positions); (2) extensity or heterogenity of accessibility to different positions (number of position accessed); and (3) upper reachability of accessed social capital" (Lin/Fu/Hsung 2001, 63). Diese Maße weisen einen Zusammenhang mit dem erreichten Status einer Person auf.

3.3 Ressourcengeneratoren

Ganz ähnlich wie der Positionsgenerator kann der Ressourcengenerator eingesetzt werden (van der Gaag/Snijders 2003), nur dass die Positionen hier direkt durch mehr oder weniger wertvolle Ressourcen getauscht werden. Beispielsweise kann danach gefragt werden, ob man jemanden kennt, der ein Auto reparieren kann, der mit einem PC arbeitet oder der mehr als 5000 Euro verdient. An dieser Stelle dürften die Anknüpfungspunkte an die Jugendforschung evident sein, da man wichtige Positionen bzw. Ressourcen benennen kann, die für eine positive Entwicklung von Jugendlichen notwendig sind.

Insgesamt sind Positions- und Ressourcengenerator nicht so umfangreich und zeitintensiv wie der Namensgenerator, da die Zielpersonen bzw. Zielressourcen bereits vorgegeben sind. Zusätzlich zu diesen Generatoren erscheint es sinnvoll, die Mitgliedschaften von Personen zu erfragen (Vereine, Arbeitsgemeinschaften, Cliquen usw.), weil diese eine Quelle sozialen Kapitals auf der Mesoebene u.a. im Sinne Bourdieus (1983) darstellen können. Allerdings handelt es sich hierbei wiederum um eine Proxy-Variable, weil nicht klar ist, welcher Nutzen mit einer Mitgliedschaft tatsächlich verbunden ist. Die Abfrage von

Mitgliedschaften müsste deshalb ebenfalls durch Anschlussfragen ergänzt werden, die die Qualität der Mitgliedschaft (aktiv oder passiv), die eigene Position, eine Einschätzung des Status der Mitglieder und andere Variablen enthalten.

4. Soziales Kapital in der Jugendforschung – derzeitige Praxis und zukünftige Aufgaben

Jugend ist eine spezifische Lebensphase im Lebenslauf, die historisch betrachtet insbesondere durch die Bedürfnisse einer hoch entwickelten Industriegesellschaft definiert wurde. Als „Jugendliche" werden diejenigen Personen bezeichnet, die sich in etwa im Alter zwischen 12 und 25 Jahren befinden. Das Eintrittsalter ist relativ eindeutig, da es sich an den biologischen und psychischen Veränderungen der Pubertät orientiert. Das Austrittsalter und damit der Übergang in das Stadium des Erwachsenendaseins ist hingegen bei weitem differenzierter, denn einerseits haben die Ausbildungswege ständig zugenommen, andererseits gibt es pluralisierte Wege des Übergangs (Berufsausbildung, Studium, Jobben, Erwerbslosigkeit u.a.m.). Das Jugendalter ist heute deshalb keineswegs mehr etwas Einheitliches: Es stellt sich, ähnlich wie andere Lebensalter auch, als eine in Grenzen individualisierte und pluralisierte Episode dar (Münchmeier 1998). Was aber ist „Jugend" jenseits dieser altersmäßigen Bestimmung?

Als Antwort auf diese Frage offeriert die bisherige Jugendforschung zwei Sichtweisen: „Einerseits wird Jugend als Transitionsphase verstanden, bei der der Übergang in das Erwachsenenalter bzw. die zukünftige Eingliederung in die Erwachsenengesellschaft thematisiert wird. [...] Andererseits wird Jugend als Moratorium mit soziokulturellem Eigengewicht gesehen, innerhalb dessen Heranwachsende tendenziell von Anforderungen der Erwachsenengesellschaft entpflichtet werden und sich stattdessen auf die Bewältigung des Alltags konzentrieren" (Reinders 2003, 18). In der ersten Perspektive ist Jugend ein Bestandteil des *life course* und mit der Aufforderung der baldigen Integration in die Welt der Erwachsenen verbunden. Die andere Perspektive betont hingegen die Eigenständigkeit der Jugendphase. Jugendliche erscheinen hier als Akteure, die selbständig über wichtige Belange ihres Lebens entscheiden, so z.B., welche Freunde sie wählen oder welchen Vereinen sie angehören möchten.

Diese Perspektive kann mit Blick auf das struktur-individualistische Paradigma angereichert werden. Wie die aktuellen Thesen zur „Selbstsozialisation" (Zinnecker 2000) oder zu Jugendlichen als „Akteure ihrer selbst" (Lüders/Mack 2001) indizieren, die selbst auf bereits seit längerem diskutierten Auffassungen zu Jugendlichen als „produktiv realitätsverarbeitendem Subjekt" (Hurrelmann 1983) oder zur „Entwicklung als Handlung im Kontext" (Silbereisen/Eyferth/

Rudinger 1986) aufbauen, sind Jugendliche wie alle anderen Menschen auch als rationale Akteure zu betrachten. Als solche versuchen sie, ihr subjektives Wohlbefinden zu erhöhen, wozu sie die bereits erwähnten Zwischenziele des Handelns anvisieren. Jugendliche unterscheiden sich dann von anderen Altersgruppen nur insofern, dass sie unter spezifischen Restriktionen aufwachsen, wozu u.a. die diversen rechtlichen Einschränkungen zählen. Dies führt dazu, dass ihre sozialen Produktionsfunktionen anders beschaffen sind. Aufgrund ihrer weitreichenden Inklusion in das Bildungssystem sind sie beispielsweise vom eigenen Statuserwerb mehr oder weniger freigestellt. Als Reaktion darauf wird expressives Handeln wichtiger: Um eine personale und soziale Identität auszubilden, stehen deshalb die Bereiche Affekt und Verhaltensbestätigung hoch im Kurs.

Dennoch, und dies zeigt sich in den Ergebnissen neuerer Jugendstudien (vgl. z.B. Deutsche Shell 2002; Zinnecker/Behnken/Maschke/Stecher 2002), wird der Statusaspekt für Jugendliche zunehmend wichtiger, die Entwicklungsaufgaben und damit der Transitionsbereich erhalten erhöhte Wertschätzung. Alleinige Akkumulation von Human- und Kulturkapital und Abstinenz von der Akkumulation ökonomischen Kapitals beschreiben in der gegenwärtigen Situation die sozialen Produktionsfunktionen der Jugendlichen nur noch unzureichend. Unter den diagnostizierten Bedingungen einer Kommerzialisierung der Jugend (Unverzagt/Hurrelmann 2001) wird z.B. die Verfügung über finanzielle Ressourcen wichtiger. Das Jugendlichen eigene Bedürfnis nach Affekt und Verhaltensbestätigung scheint nur noch auf Basis der Verfügung über ein eigenes Handy oder Auto möglich. Das Geld hierfür stellen nicht mehr allein Verwandte zur Verfügung, sondern immer mehr Jugendliche sehen es als wichtiges Zwischenziel an, selbst Geld zu verdienen. Wie Tully (2004) feststellt, sind mittlerweile weit über die Hälfte der schulpflichtigen Jugendlichen in ihrer Freizeit in Nebenjobs beschäftigt. Zentrales Motiv dabei ist natürlich der Gelderwerb, aber auch die Vorbereitung eines eigenen beruflichen Status spielt eine wichtige Rolle (vgl. auch Hadjar 2004). Obwohl die Jugendphase also eine vor allem rechtlich eingeschränkte Lebensphase ist, findet sich immer häufiger ein erwachsenähnliches Handeln der Jugendlichen. Auch sie evaluieren, auf welchem Weg welches Zwischenziel effektiv verfolgt werden kann; auch sie verfügen über verschiedene Kapitalien, investieren in diese und versprechen sich daraus einen Nutzen.

Die an der Theorie der sozialen Produktionsfunktionen orientierte Betrachtung der Lebensphase Jugend hilft also, aktuelle Phänomene des Jugendalltags zu deuten. Jugend ist damit sowohl eine erste Phase der Investition in und Akkumulation von Kapital als auch eine Phase des Profitierens vom Kapitalbesitz. Insofern ist auch davon auszugehen, dass sie soziale Beziehungen gegen die Gewinnung von Status, Affekt und Verhaltensbestätigung eintauschen. Diese These mag ungewöhnlich erscheinen, lässt sich aber an einem von Lin (2001) diskutiertem Beispiel illustrieren. Lin (2001) setzt sich in seinem Schlusskapitel mit der wachsenden Bedeutung des Internets auseinander. „The growth of cyber-space and the emergence of social, economic, and political networks in cyber-space signal a new era in the construction and development of social capital. No longer is social capital constrained by time and space" (ebd., 226f.). Verschiede-ne Jugendstudien belegen seit Jahren einen wachsenden Prozentsatz an Jugendli-chen, die auf die Option der Internetnutzung (und damit u.a. der Sozialkapitalak-kumulation) zurückgreifen (vgl. u.a. Medienpädagogischer Forschungsverbund Südwest 2003). Die Infrastruktur für die Beziehungspflege hat damit das Ju-gendalter erreicht, wie sich auch anhand des Handybesitzes zeigt. Insgesamt nutzen mittlerweile ca. 90 Prozent der Jugendlichen Internet und Handy, wobei von den Jugendlichen selbst das soziale Moment der Aufrechterhaltung bzw. der Knüpfung von Kontakten bei der Nutzung in den Vordergrund gerückt wird (Höflich 2001; Medienpädagogischer Forschungsverbund Südwest 2003). Ju-gendliche gehen damit Tätigkeiten nach, die soziales Kapital entstehen lassen, auf das zurückgegriffen und das zur Erhöhung des individuellen Wohlbefindens eingesetzt werden kann.

Dabei ist die getroffene Unterscheidung zwischen expressivem und instru-mentellem Sozialkapital hilfreich. Das *instrumentelle* Sozialkapital fällt zusam-men mit der Perspektive der Transition. Für Jugendliche wären dann lediglich Statusbereiche und Entwicklungsaufgaben aufeinander abzustimmen. Mögliche Untersuchungsfelder sind der Schulerfolg, der Aufbau einer festen Beziehung, die Gründung eines eigenen Haushalts oder das Zustandekommen eines eigenen Wertesystems. Diese Felder sind keineswegs neu; neu ist aber die Verbindung mit dem Sozialkapitalkonzept und insbesondere die daran anknüpfende Methode (vgl. Tabelle 2). Das *expressive* Sozialkapital weist auf Themenfelder hin, die bislang im Bereich der Moratoriumsperspektive behandelt werden, d.h. hier geht es im Wesentlichen um die Integration in die Peergroup, um Identitätsgenese, um internalisierende und externalisierende Problemverarbeitung usw.

Sichtet man anhand dieser theoretischen Konzeption die bisherige Jugend-forschung zum Thema Sozialkapital, so ist eine entsprechende Zweiteilung be-reits erkennbar, wobei sich die Untersuchung des *instrumentellen Sozialkapitals* bislang noch recht einseitig darstellt. Zweifelsohne hat die Untersuchung zu den Folgen des Besitzes bzw. Nicht-Besitzes dieses Kapitals ihren festen Platz nicht nur in der Sozialstrukturanalyse oder Migrationssoziologie, sondern auch in der Jugendforschung. Bereits bei Loury (1977), der nach Coleman (1995) der Urhe-ber des Begriffs ist, wird soziales Kapital in Bezug auf die kognitiven und sozia-len Entwicklungschancen von Kindern und Jugendlichen gebraucht.

Tabelle 2: Die zwei Formen des Beziehungskapitals im Jugendalter

Form	expressives Sozialkapital	instrumentelles Sozialkapital
Jugendperspektive	Moratorium	Transition (entsprechend der Entwicklungsaufgaben)
ausgewählte Themen	Autonomisierung, Identität, Cliquenintegration, Gesundheit	Schulerfolg, Berufswahl, Wertegenese, Paarbeziehung
zentrale Akteure	Freunde, Eltern	Eltern, ältere Geschwister, Bekannte, Mentoren, Trainer, Lehrer
Erfassung	adaptierter Namensgenerator	adaptierter Positions- oder Ressourcengenerator
	(z.B.: Mit wem unternimmst du nach der Schule häufiger mal was? An wen wendest du dich, wenn du ein persönliches Problem hast?)	(z.B.: Kennst du einen Journalisten, Richer? Kennst du Personen, die dich über Berufe beraten?)
	Fragen zu Struktur von Interaktion in Familie, Freundesgruppe, Nachbarschaft	Mitgliedschaften; soziales Kapital der Eltern
	Soziometrische Analysen z.B. der Schulklasse oder Clique	

Coleman (1988) selbst war es dann, der mit seiner Studie zum frühzeitigen Schulabbruch von Jugendlichen der neuen Forschungsperspektive zum Durchbruch verhalf. Unter Rückgriff auf eine Operationalisierung, die familieninternes und familienexternes Sozialkapital unterscheidet, findet Coleman, dass sich insbesondere letztere Quelle auf das Abbruchverhalten auswirkt. Seltener Umzug und die Existenz einer geschlossenen, religiös-katholischen Gemeinde erhöhen das Sozialkapital und damit die Wahrscheinlichkeit eines besseren schulischen Abschneidens. Gleichzeitig führt eine Kumulation familieninternen Sozialkapitals (zwei Eltern, nur ein Geschwister, Mutter erwartet höheren Bildungsabschluss) zu einem 75% geringerem Risiko, die Schule vorzeitig zu verlassen. Diese hohen Effekte der wenigen in die Analyse aufgenommenen Variablen sowie deren Deutung als soziales Kapital haben in den folgenden Jahren zahlreiche Autoren zu weiteren Analysen angeregt. Dabei ist die Orientierung der Analysen am Colemanschen Vorbild in doppelter Weise erkennbar: Einerseits steht, wie Stecher (2001) referiert, im Wesentlichen nur die abhängige Variable Schulerfolg im Vordergrund. Nur wenige Studien beschäftigen sich auch mit problematischen Verhaltensweisen wie der Entstehung gewalttätiger oder extremistischer Orientierungen (z.B. Hagan/Merkens/Boehnke 1995) oder depressiver Symptome (z.B. Furstenberg/Hughes 1995). In nahezu jeder Studie werden dabei mittlere bis starke Effekte des Sozialkapitals berichtet. Erst kürzlich hat die PISA-Studie (Baumert 2001) insbesondere für Deutschland den Einfluss des sozialen Kapitals in Form des Elternhauses für die Schulleistungen eindrucksvoll belegen können. Andererseits wird sich sehr stark an den Operationalisierungsvorschlägen von Coleman orientiert. Einige der wenigen Neuerungen betreffen den Einbezug von Variablen, die sich auf die Peergruppenintegration (z.b. Stecher 2001) oder die detailliertere Erfassung der innerfamilialen Interaktion bzw. des elterlichen Involvements in die kindlichen Angelegenheiten beziehen (z.b. Furstenberg/Hughes 1995).

An dieser Stelle ist für diesen Bereich der jugendbezogenen Sozialkapitalforschung zu folgern, dass der Fokus auch auf andere Themenfelder ausgeweitet werden sollte, wobei diese systematisch durch die Entwicklungsaufgaben vorstrukturiert werden. Darüber hinaus wäre, wie in Tabelle 2 vorgeschlagen, ebenfalls eine methodische Umorientierung notwendig. Neben den herkömmlichen Variablen sollten vermehrt Netzwerkanalysen zum Einsatz kommen, d.h. insbesondere egozentrierte Netzwerkanalysen in Form von auf die Jugendpopulation zugeschnittenen Positions- und Ressourcengeneratoren. Hierfür ein Beispiel: Möchte man den Einfluss des sozialen Kapitals bei der Wahl eines Berufs untersuchen, so wäre es sowohl ratsam, insgesamt die Existenz von Beziehungen der Jugendlichen zu Personen in verschiedenen sozialstrukturellen Positionen zu kennen[6] als auch seine Verfügung über speziellere Beziehungen bzw. Ressourcen in Erfahrung zu bringen (Personen, mit denen man die Berufswahl bespricht oder die bestimmte Tätigkeiten ausführen bzw. mit bestimmten Dingen umgehen). Der Besitz von instrumentellem Kapital hat damit eine allgemeine, aber auch eine den jeweiligen Untersuchungsgegenstand immanente, besondere Dimension. Die Verfügung über derartige Quellen sozialen Kapitals dürfte entscheidende Bedeutung für die weitere Entwicklung des Jugendlichen haben.

Ein anderes Bild hingegen findet sich in der zweiten Perspektive der Jugendforschung, der des *expressiven Sozialkapitals* unter Rekurs auf das Moratoriumskonzept. Netzwerkbezogene Untersuchungsdesigns gehören hier schon seit Jahrzehnten zum Inventar. Erst seit wenigen Jahren wird jedoch auf den Begriff des sozialen Kapitals rekurriert, vor allem bei Arbeiten aus dem Bereich der Migrationssoziologie (Haug 2003; Kecskes 2003; Nauck/Kohlmann/Diefenbach 1997). Die Beschäftigung mit der Frage der sozialen Integration, d.h. der Beschaffenheit des Ego-Netzwerkes von (jungen) Migranten, ist dabei von vordergründigem Interesse. Soziale Integration stellt sich in diesem Kontext zum einen als Form von expressivem Sozialkapital dar (z.B. in die Herkunftsethnie); ande-

---

6   Dies ermöglicht der Positionsgenerator nach Lin et al. (2001).

rerseits ist sie eine Art Entwicklungsaufgabe und damit auch eine Form von instrumentellem Kapital (soziale Beziehungen zur autochtonen Bevölkerung).

Ähnlich dürfte die Situation von Jugendlichen im allgemeinen sein, die mehr oder weniger sozial integriert sind (mit den entsprechenden Folgen), die sich aber auch mit der Aufgabe des Aufbaus eines Affekt und Verhaltensbestätigung generierenden Netzwerkes konfrontiert sehen. Zusätzliche Forschung ist in diesem Bereich insofern nötig, als bisherige Analysen eher selten über die Deskription der Jugend-Netzwerke hinausgehen. Inwieweit sich deren Existenz jedoch auf die Entwicklung der Gesundheit, der Identität oder der Abgrenzung von der Erwachsenenwelt auswirkt, ist kaum untersucht worden. Gerade in Bezug auf die Peergruppenintegration existiert ein ambivalentes Bild, da die Integration in deviante Gruppen die Entwicklung einerseits erschwert; ebenso problematisch ist jedoch anderseits auch das gänzliche Fehlen von Kontakten zu Gleichaltrigen (Stecher 2001; Uhlendorff/Oswald 2003). Ähnliches Sozialkapital (Einbindung in eine Clique) kann also sehr unterschiedliche Folgen haben.

Unter welchen Umständen welche Formen von Sozialkapital im Jugendalter welche Folgen nach sich ziehen, kann aber nur dann beantwortet werden, wenn man die Strukturen und die Inhalte der Jugendnetzwerke kennt. Dementsprechend dürfte die erneute Aufnahme soziometrischer Verfahren (Gesamtnetzwerkanalyse) sinnvoll zur Untersuchung von Jugendnetzwerken sein, da sich zum Einen diese Beziehungen noch als überschaubar erweisen im Gegensatz zu weitläufigeren Erwachsenennetzwerken. Zum anderen sind in den letzten Jahren die entsprechenden Analyseformen weiterentwickelt worden und es stehen mittlerweile auch Computerprogramme bereit, die Auswertungen über einfache graphische Darstellungen hinaus ermöglichen (Wassermann/Faust 1994; UCINET). Mit den neuen Verfahren der Netzwerkanalyse lassen sich auch recht ‚alte' Fragestellungen der Jugendforschung, die bislang eher in qualitativen Fallstudien bearbeitet wurden, in quantitativen Erhebungen systematisch bearbeiten: Zu nennen sind hier insbesondere Studien zu Szenen, Cliquen oder Subkulturen, deren Beschaffenheit und deren Einfluss auf die persönliche Entwicklung. Die Perspektive dabei ist, die anhand von Einzelfällen gewonnenen Erkenntnisse (vgl. z.B. Eckert/ Reis/Wetzstein 2000) einer Überprüfung auszusetzen. Insbesondere im Bereich der Devianz- und Rechtsextremismusforschung wird häufig auf die katalysierende Wirkung der Peergroup-Einbindung rekurriert, ohne die dabei tatsächlich vonstatten gehenden Prozesse zu studieren.

5. Ausblick

Die Jugendforschung kann von der Aufnahme des hier vorgestellten allgemeinen Modells sozialen Kapitals profitieren. Sie braucht keinen eigenen Sozialkapitalbegriff, sondern sie kann sich am Kapitalkonzept orientieren, das in der strukturindividualistischen Soziologie genutzt wird. Das Modell vom unter Maßgabe seiner Möglichkeiten rational handelnden jugendlichen Akteur dürfte auch in anderen Bereichen der Jugendforschung nützlich sein. Im Mittelpunkt dieses Aufsatzes stand jedoch das Sozialkapitalkonzept, dass u.U. in Zukunft das Modell des nach Sozialisationsbereichen differenzierten Jugendalltags ablösen könnte, da die Träger von Informationen und Ressourcen, d.h. die anderen Akteure, sowohl in Familie als auch in Schule, Freundeskreis, Verein usw. zu finden sind. Das Netzwerk erstreckt sich über verschiedene Bereiche hinweg. Darüber hinaus macht das Konzept auf das teilweise vergessene Untersuchungsfeld der schichtspezifischen Sozialisation aufmerksam. Unterschiedliche Voraussetzungen in der Ausstattung mit Kapitalien sind verantwortlich für unterschiedliche soziale Partizipationsmöglichkeiten. Ungleichheit wird auch über soziale Beziehungen produziert. Im Kindes- und Jugendalter werden wichtige Beziehungen geknüpft, wobei dem Elternhaus und damit der Transmission eine entscheidende Rolle zufallen dürfte.

Neben dem Feld der Transmission und schichtspezifischen Sozialisation unterscheidet sich die zukünftige *research agenda* der jugendbezogenen Sozialkapitalforschung auf einer ganz allgemeinen Ebene von der der gewöhnlichen Sozialkapitalforschung, und zwar in der Hinsicht, dass es darum geht, altersbezogene Nutzenfunktionen entsprechend der Entwicklungsaufgaben zu identifizieren und dabei die typischen jugendlichen Ressourcen und Barrieren zu benennen.

Folgende Fragen dürften von besonderem Interesse sein:

(1) In welchem Verhältnis stehen expressives und instrumentelles Sozialkapital im Jugendalter? Es ist beispielsweise denkbar, dass Jugendliche ohne instrumentelles Kapital, aber mit hohem expressiven Kapital – eine Situation, wie sie bei vielen türkischen Jugendlichen in Deutschland aufgrund ihrer Verhaftung im Herkunftsmilieu vorliegt (Kecskes 2003) – Subkulturen bilden und damit den Weg der Segregation einschlagen? Es ist deshalb wichtig zu erfahren, unter welchen Bedingungen Jugendliche in welche Form des sozialen Kapitals investieren und was für Zwischenziele sie damit anvisieren?

(2) Wie entwickeln sich Investition in und Nutzung von sozialen Beziehungen über die Zeit? Zu vermuten ist, dass gerade im Jugendalter die Grundlagen für das zukünftige Beziehungsnetzwerk gelegt werden. Aber nicht nur hier, auch in späteren Lebensjahren unterliegt das soziale Kapital eines Akteurs

einer Veränderung. Wie Lang (2003) zeigt, nimmt im Lebenslauf die Anzahl an *weak ties* bis zu einem Alter von ca. 40 Jahren zu, danach geht sie zuerst allmählich, später beschleunigt zurück. Die Anzahl an *strong ties* bleibt hingegen über das gesamte Leben relativ konstant.

(3) Neben der Klärung des Verhältnisses von expressivem und instrumentellem Sozialkapital wäre zudem wichtig zu klären, welche Interaktionen mit weiteren Kapitalien bestehen. Bei Coleman (1988) ist das Humankapital abhängig vom Sozialkapital; demgegenüber dürfte sich das Humankapital natürlich auch darauf auswirken, in welches expressive Sozialkapital ein Akteur investiert. Weit verwickeltere Fragestellungen wären möglich, denkt man an die verschiedenen Formen und Unterformen der Kapitalien.

Die Untersuchung der Strukturen der Beziehungsnetzwerke Jugendlicher und der sich daraus möglicherweise ableitenden Folgen für die individuelle Entwicklung steht erst am Anfang. Die Jugendforschung muss sich, wenn sie sich diesem Thema weiter widmen möchte, allerdings keine neuen Konzepte und Methoden überlegen, sondern sie kann auf zahlreiche Erkenntnisse aus benachbarten Disziplinen zurückgreifen. Umgekehrt kann dann die Jugendforschung aufgrund ihrer Entwicklungsperspektive auch für die allgemeine Sozialkapitalforschung interessante Einsichten bereithalten.

Literatur

Albrecht, St. (2002): Netzwerke als Kapital. Zur unterschätzten Bedeutung des sozialen Kapitals für die gesellschaftliche Reproduktion. In: Ebrecht, J./Hillebrandt. F. (Hrsg.): Bourdieus Theorie der Praxis. Erklärungskraft – Anwendungen – Perspektiven. Wiesbaden: Westdeutscher Verlag, 199-224.

Baumert, J. (2001) (Hrsg.): Basiskompetenzen von Schülerinnen und Schülern im internationalen Vergleich. Opladen: Leske + Budrich.

Becker, G. S. (1982): Der ökonomische Ansatz zur Erklärung menschlichen Verhaltens. Tübingen: Mohr.

Bourdieu, P. (1983): Ökonomisches Kapital, kulturelles Kapital, soziales Kapital. In: Kreckel, R. (Hrsg.): Soziale Ungleichheiten. Soziale Welt, Sonderband. Göttingen: Schwartz. 183-198.

Bourdieu, P. (1987): Die feinen Unterschiede. Kritik der gesellschaftlichen Urteilskraft. Frankfurt/M.: Suhrkamp.

Burt, R. S. (1984): Network items and the General Social Survey. In: Social Networks, 6, 293-339.

Burt, R. S. (1992): Structural holes: The social structure of competition. Cambridge, Mass.: Harvard University Press.

Coleman, J. S. (1988): Social capital in the creation of human capital. In: American Journal of Sociology, 94, 95-120.

Coleman, J. S. (1995): Grundlagen der Sozialtheorie. Band 1. München: Oldenbourg Verlag.

Deutsche Shell (2002) (Hrsg.): Jugend 2002. Zwischen pragmatischem Idealismus und robustem Materialismus. Frankfurt/M.: Fischer.

Diaz-Bone, R. (1997): Ego-zentrierte Netzwerkanalyse und familiale Beziehungssysteme. Wiesbaden: DUV.

Eckert, R./Reis, Ch./Wetzstein, Th. A. (2000): „Ich will halt anders sein wie die anderen." Abgrenzung, Gewalt und Kreativität bei Gruppen Jugendlicher. Opladen: Leske + Budrich.

Esser, H. (2000): Soziologie. Spezielle Grundlagen. Band 4: Opportunitäten und Restriktionen. Frankfurt/M.: Campus.

Fischer, C. S. (1982): To dwell among friends. Chicago: University of Chicago Press.

Flap, H. (1995): No Man is an Island. The Research Program of a Social Capital Theory. Paper presented at the Workshop on Rational Choice and Social Networks (Jan. 26 to 28, Nias, Wassenaar).

Furstenberg, F. F./Hughes, M. E. (1995): Social Capital and Successful Development Among At-Risk Youth. In: Journal of Marriage and the Family, 57, 580-592.

Granovetter, M. S. (1973): The Strength of Weak Ties. In: American Journal of Sociology, 78, 1360-1380.

Granovetter, M. S. (1974): Getting a job: A study of contacts and careers. Cambridge, Mass: Harvard University Press.

Hadjar, A. (2004): Ellenbogenmentalität und Fremdenfeindlichkeit bei Jugendlichen. Die Rolle des Hierarchischen Selbstinteresses. Wiesbaden: Verlag für Sozialwissenschaften.

Hagan, J./Merkens, H./Boehnke, K. (1995): Delinquency and disdain: Social capital and the control of right wing extremism among East and West Berlin youth. In: American Journal of Sociology, 100, 1028-1052.

Haug, S. (1997): Soziales Kapital. Ein kritischer Überblick über den aktuellen Forschungsstand. Arbeitsbereich II, Arbeitsbericht Nr. 15. Mannheim: Mannheimer Zentrum für Europäische Sozialforschung (MZES).

Haug, S. (2003): Interethnische Freundschaftsbeziehungen und soziale Integration. Unterschiede in der Ausstattung mit sozialem Kapital bei jungen Deutschen und Immigranten. In: Kölner Zeitschrift für Soziologie und Sozialpsychologie, 55, 716-736.

Höflich, J. R. (2001): Das Handy als „persönliches Medium" – Zur Aneignung des Short Message Service (SMS) durch Jugendliche. In: kommunikation@gesellschaft, 2.

Hurrelmann, K. (1983): Das Modell des produktiv-realitätsverarbeitenden Subjekts in der Sozialisationsforschung. In: Zeitschrift für Sozialisationsforschung und Erziehungssoziologie, 3, 91-103.

Jansen, D. (2003): Einführung in die Netzwerkanalyse. Grundlagen, Methoden, Forschungsbeispiele (2. Aufl.). Opladen: Leske + Budrich.

Kecskes, R. (2003): Ethnische Homogenität in sozialen Netzwerken türkischer Jugendlicher. In: Zeitschrift für Soziologie der Erziehung und Sozialisation, 23, 68-84.

Lang, F. R. (2003): Die Gestaltung und Regulation sozialer Beziehungen im Lebenslauf: Eine entwicklungspsychologische Perspektive. In: Berliner Journal für Soziologie, 13, 175-195.

Lin, N. (2001): Social Capital: A Theory of Social Structure and Action. Cambridge: University Press.

Lin, N./Fu, Y.-Ch./Hsung, R.-M. (2001): The Position Generator: A measurement instrument for social capital. In: Lin, N./Cook, K./Burt, R. S. (Eds.): Social Capital: Theory and Research. New York: Aldine deGruyter, 57-81.

Lindenberg, S. (1990): Homo Socio-oeconomicus: The Emergence of a general model of man in the Social Sciences. In: Journal of International and Theoretical Economics, 146, 727-748.

Loury, G. (1977): A dynamic theory of racial income differences. In: Wallace, P. A./Le Mund, A. (Eds.): Women, minorities, and employment discrimination. Lexington, MA: Lexington Books, 153-186.

Lüders, Ch./Mack, W. (2001): Jugendliche als Akteure ihrer selbst. In: Merkens, H./Zinnecker, J. (Hrsg.): Jahrbuch Jugendforschung 1/2001. Opladen: Leske + Budrich, 121-134.

Medienpädagogischer Forschungsverbund Südwest (2003) (Hrsg.): JIM-Studie 2002. Jugend, Information, (Multi-) Media. Basisuntersuchung zum Medienumgang 12- bis 19-Jähriger. Baden-Baden: MPFS.

Münchmeier, R. (1998): „Entstrukturierung" der Jugendphase. In: Aus Politik und Zeitgeschichte, 48, 31, 3-13.

Nauck, B. (2004): Familie und Kultur. In: Trommsdorff, G./Kornadt, H.-J. (Hrsg.): Enzyklopädie Kulturvergleichende Psychologie. Unveröffentlichtes Manuskript.

Nauck, B./Kohlmann, A./Diefenbach, H. (1997): Familiäre Netzwerke, intergenerative Transmission und Assimilationsprozesse bei türkischen Migrantenfamilien. In: Kölner Zeitschrift für Soziologie und Sozialpsychologie, 49, 477-499.

Nauck, B./Schönpflug, U. (1997): Familien in verschiedenen Kulturen. In: Nauck, B./Schönpflug, U. (Hrsg.): Familien in verschiedenen Kulturen. Stuttgart: Enke, 1-21.

Oerter, R./Dreher, E. (1995): Jugendalter. In: Oerter, R. /Montada, L. (Hrsg.): Entwicklungspsychologie. Weinheim: Beltz, 310-395.

Offe, C./Fuchs, S. (2001): Schwund des Sozialkapitals? Der Fall Deutschland. In: Putnam, R. D. (Hrsg.): Gesellschaft und Gemeinsinn. Gütersloh: Verlag Bertelsmann Stiftung, 417-514.

Ormel, J./Lindenberg, S./Steverink, N./Verbrugge, L. M. (1999): Subjective well-being and social production functions. In: Social Indicators Research, 46, 61-90.

Paldam, M. (2000): Social Capital: One Or Many? Definition And Measurement. In: Journal of Economic Surveys, 14, 629-653.

Pappi, F. U. (1998): Soziale Netzwerke. In: Schäfers, B./Zapf, W. (Hrsg.): Handwörterbuch zur Gesellschaft Deutschlands. Opladen: Leske + Budrich, 584-596.

Portes, A. (1998): Social capital: its origins and applications in modern sociology. In: Annual Review of Sociology, 24, 1-24.

Putnam, R. D. (1995). Turning in, turning out: The strange disappearance of social capital in America. In: Political Science and Politics, 28, 664-683.

Putnam, R. D. (2000): Bowling alone. The collapse and revival of American community. New York: Simon und Schuster.

Reinders, H. (2003): Jugendtypen – Ansätze zu einer differentiellen Theorie der Adoleszenz. Opladen: Leske + Budrich.

Silbereisen, R. K./Eyferth, K./Rudinger, G. (1986) (Eds.): Development as action in context: Problem behavior and normal youth development. New York: Springer.

Stecher, L. (2001): Die Wirkung sozialer Beziehungen. Weinheim: Juventa.

Stone, W./Hughes, J. (2002): Social capital: Empirical meaning and measurement validity. Research Paper No. 27. Melbourne: Australian Institute of Family Studies.

Tully, C. J. (2004): Der Nebenjob – Alltagslernen jenseits der Schule. In: Tully, C. J./Wahler, P. (Hrsg.): Jugendliche in neuen Lernwelten. Wiesbaden: Verlag für Sozialwissenschaften, 62-98.

Uhlendorff, H./Oswald, H. (2003): Freundeskreise und Cliquen im frühen Jugendalter. In: Berliner Journal für Soziologie, 13, 197-212.

Unverzagt, G./Hurrelmann, K. (2001): Konsum-Kinder. Freiburg: Herder.

Van der Gaag, M. P. J./Snijders, T. A. B. (2003): The Resource Generator: measurement of individual social capital with concrete items. Paper presented at the XXII Sunbelt international Social Networks Conference (February 13-17, New Orleans, US).

Van Deth, J. W. (2003): Measuring Social Capital: Orthodoxies and Continuing Controversies. In: International Journal of Social Research Methodology, 6, 79-92.

Wassermann, St./Faust, K. (1994): Social network analysis. Methods and applications. Cambridge: University Press.

Zinnecker, J. (2000): Selbstsozialisation. Essay über ein aktuelles Konzept. In: Zeitschrift für Soziologie der Erziehung und Sozialisation, 20, 272-290.

Zinnecker, J./Behnken, I./Maschke, S./Stecher, L. (2002): Null zoff – voll busy. Die erste Jugendgeneration des neuen Jahrhunderts. Opladen: Leske + Budrich.

Politisch-soziale Einstellungen Jugendlicher in Abhängigkeit von familialen und schulischen Bedingungen – Ausgewählte Ergebnisse zur Ausländerfeindlichkeit

Adolescents' civic orientations depending on family and school conditions – Some findings on attitudes towards foreigners

Peter Noack

Zusammenfassung: Intoleranz und speziell Ausländerfeindlichkeit in der zweiten Lebensdekade verdient die Aufmerksamkeit der psychologischen Jugendforschung nicht nur vor dem Hintergrund rechtsextrem motivierter Gewalttaten, sondern als eigener Untersuchungsgegenstand. Mit diesem Verständnis als Ausgangspunkt werden empirische Befunde vor allem zu familialen und schulischen Einflüssen auf die Einstellungen Jugendlicher berichtet und Forschungsperspektiven aufgezeigt.

Abstract: Intolerance during the second decade of life and xenophobia, in particular, should be considered as object of youth research in their own right beyond the assumed linkage with right-wing violence. Taking this understanding as the point of departure, findings on family and school influences on adolescents' attitudes are reported and perspectives for future research are delineated.

1. Ausländerfeindlichkeit im Jugendalter

Das öffentliche Interesse an rechtsextremen und fremdenfeindlichen Orientierungen unter Jugendlichen und jungen Erwachsenen, das mit dem sprunghaften Anstieg einschlägiger Delikte und Gewalttaten zu Beginn der 1990er Jahre deutlich zugenommen hatte, ist inzwischen wieder abgeflaut, auch wenn die Frequenz der registrierten Taten in den letzten Jahren auf hohem Niveau oszilliert. Das gilt allgemein für Straftaten, die rechtsextremen Motiven zugeschrieben werden (2001: ca. 10.000), wie für die Gewaltdelikte darunter (2001: 709).

Auch wenn Aufsehen erregende Kriminalstatistiken durch in der Konsequenz großzügigere finanzielle Förderungen der Erforschung von politisch-sozialer Intoleranz bei jungen Menschen in quantitativer Hinsicht nützlich gewesen sein mögen, könnte sich ein unaufgeregteres Umfeld als durchaus günstig für die wissenschaftliche Durchdringung der Thematik erweisen. Der Fokus auf fremdenfeindliche Gewalt verkürzt nicht nur die Perspektive auf Intoleranz.

Leicht wird auch der Blick darauf verstellt, dass beide sich zwar überschneiden, aber eben nur eine partielle Schnittfläche aufweisen. Gleichzeitig wird dabei übersehen, dass politisch-soziale Intoleranz Beachtung als eigenständiger Forschungsgegenstand mit engen Bezügen zu allgemeineren Schwerpunkten der entwicklungspsychologischen Jugendforschung verdient.

Dass zwischen rechter Gewalt und rechten Einstellungen keine 1:1-Beziehung besteht, wurde spätestens durch die Analysen von Polizei- und Gerichtsdokumenten deutlich, die Willems (1993) durchführte, mit dem Ergebnis, dass nur etwa in der Hälfte der untersuchten Fälle elaboriertere oder vage politisch-soziale Weltbilder und Einstellungen hinter den Gewalttaten standen. Ebenso häufig waren reine Mitläufer oder Täter mit genereller Gewaltneigung zu verzeichnen (Frindte/Neumann/Hieber/Knote/Müller 2001). Dem entsprechen Befunde einer Fragebogenstudie von Neumann (1999). So ließ sich beispielsweise das Ausmaß (selbstberichteten) aggressiven Verhaltens bei den untersuchten Jugendlichen jenseits der bekundeten Gewaltbereitschaft nicht weiter durch fremdenfeindliche Einstellungen aufklären. Auch ging unter den fremdenfeindlicheren Jugendlichen in der Stichprobe Gewalt eher mit peergruppenbezogenen Motiven einher, während es die toleranteren Befragten waren, bei denen ein Zusammenhang zwischen aggressivem Verhalten und im weiteren Sinne politischen Motiven bestand.

Fremdenfeindlichkeit und andere Spielarten intoleranter Einstellungen und Überzeugungen stellen jedoch nicht nur ein gesellschaftliches Problem, sondern auch ein individuelles Entwicklungsrisiko dar (Noack/Kracke 1995). Unter einer entwicklungspsychologischen Perspektive ist damit die Auseinandersetzung mit einer, in der Havighurstschen (1972) Terminologie, zentralen Entwicklungsaufgabe des Jugendalters angesprochen, der Entwicklung zum mündigen Bürger, die bei uns, in gesetzlicher Form fixiert, bis zum Alter von 18 Jahren erwartet wird. Mit Bezug auf die Identitätsentwicklung als übergeordneter Aufgabe markieren politisch-soziale Einstellungen und Orientierungen zwischenzeitliche oder dauerhaftere Antworten auf die Frage nach der Beziehung der eigenen Person zu verschiedenen gesellschaftlichen Gruppen und nach der eigenen Position in der Gesellschaft: Welcher oder welchen Gruppen ordne ich mich zu, wie sehe ich deren Relation zu anderen Gruppen, welche Vorstellungen habe ich von der Organisation der größeren Gemeinschaft, auf welche Art sollten allfällige Interessenkonflikte gelöst werden? Es geht nicht zuletzt um soziale Identität (Tajfel/Turner 1986), die jeweils eine äußere und eine innere Seite hat: Meine Sicht der sozialen Welt trägt immer auch zur Definition der eigenen Person bei.

Vor diesem Hintergrund verdient politisch-soziale Toleranz auch dann das Interesse der Jugendforschung, wenn es nicht um die Aufklärung der Ursachen von rechter Gewalt geht. Das gilt umso mehr in einer gesellschaftlichen Situation, die durch zunehmende Globalisierung und interkulturelle Kontakte gekennzeichnet ist. Es ist nicht besonders gewagt zu vermuten, dass geringe Offenheit oder gar Ablehnung fremder Personen und Kulturen das Risiko von Problemen in der Erwachsenenwelt bergen, in die heutige Jugendliche eintreten werden.

Dass ein in der Jugendforschung verbreiteter und in der öffentlichen Diskussion oft vertretener Ansatz gerade den schnellen gesellschaftlichen Wandel, speziell die gesellschaftliche Individualisierung und Modernisierung, als wesentlichen Einflussfaktor für die Ausbildung von Intoleranz ausmacht (Heitmeyer 1992), steht nicht im Widerspruch zu einem Verständnis von Intoleranz als individuelles Entwicklungsrisiko in einer sich rapide ändernden Welt. Allerdings erweist es sich als nicht ganz einfach, die Annahme makrosozialer Einflüsse auf die Einstellungen und Überzeugungen junger Menschen empirisch zu erhärten. Schon ein Blick auf die Ergebnisse internationaler Vergleichsforschungen bietet ein schwer deutbares Bild. So äußerten sich in der IEA CIVICS-Studie (Torney-Purta/Lehmann/Oswald/Schulz 2001) beispielsweise schwedische, cypriotische und portugiesische Jugendliche als relativ tolerant gegenüber Immigranten, junge Schweizer, Litauer und Belgier als weniger offen. Das Muster ist ähnlich divers wie das in Befragungen Erwachsener ermittelte (z.B. Eurobarometer 1997, 2000) und widerstrebt einer geradlinigen Deutung. Ob der jeweilige Ausländeranteil an der Population, Arbeitslosenraten, das Tempo der sozialen Veränderungen oder andere mögliche Bedingungsfaktoren entscheidend sind, lässt sich anhand solcher Daten kaum sagen.

Nähert man sich dem Makrosystem auf der Mikroebene, indem aufbauend auf der Tradition der wegweisenden Elderschen Forschungen (Elder 1974; Conger/Elder 1994) das Erleben ökonomischer und gesellschaftlicher Bedingungen in Familien erfasst wird, ergeben sich einige Hinweise auf die Bedeutung raschen Wandels für die Einstellungen von Jugendlichen. So trugen in eigenen Untersuchungen (z.B. Kracke/Oepke/Wild/Noack 1998) gesellschaftliche Unsicherheit und materielle Probleme, die in ost- und westdeutschen Familien erlebt wurden, zur Erklärung von Ausländerfeindlichkeit und antidemokratischen Einstellungen bei. Allerdings fielen auch hierbei die Ergebnisse weniger konsistent aus, als wir es erwartet hatten.

Ein zweiter einflussreicher Erklärungsansatz fokussiert Bedingungen in Mikrosystemen der Entwicklung Jugendlicher, speziell in der Familie. Dabei geht das Forschungsinteresse inzwischen über die in den bekannten Arbeiten von Adorno und Kollegen (1950) als bedeutsam herausgestellten frühen familialen Erfahrungen hinaus und richtet sich nicht zuletzt auch auf die Sozialisation im Jugendalter und ihre Effekte auf politisch-soziale Toleranz. Der weitere Beitrag wird sich auf solche Sozialisationsprozesse im Mikrosystem des Elternhauses konzentrieren sowie auf die Schule als weiteren (proximalen) Sozialisationskontext für Einstellungen und Überzeugungen Jugendlicher. Eigene Studien werden dabei als Ausgangspunkt dienen, den jeweiligen Forschungsstand darzustellen. Angesichts der vergleichsweise zahlreichen Untersuchungen zu familialen Bedingungen von Toleranz haben die entsprechenden Abschnitte im Folgenden eher den Charakter eines Überblicks. Wenn es um Schule als Sozialisationskontext geht, ist die Befundlage weniger dicht. Es sind aber nicht nur Forschungslücken mit Blick auf die schulische Sozialisation von Toleranz, deren Ausfüllung im Fazit des Beitrags auf die Agenda für künftige theoretische und empirische Bemühungen gesetzt wird.

2. Familiale Einflüsse auf Ausländerfeindlichkeit im Überblick

Wenn es um Einflüsse der Eltern auf intolerante Orientierungen Jugendlicher geht, liegt es nahe zu vermuten, dass Söhne und Töchter Einstellungen und Überzeugungen in der Familie einfach „mitbekommen". Dabei soll hier die Frage einer möglichen genetischen Einstellungstransmission ausgeklammert bleiben. Zwar gibt es ernst zu nehmende Befunde, die auf diese Möglichkeit hinweisen (z.B. Olson/Vernon/Jang/Harris 2001). Jedoch liegen die Prozesse, durch die Einstellungen – im engeren Sinne – vererbt zu werden scheinen, noch weitgehend im Dunkel. Klar ist aber in jedem Fall, dass sich eine genetische Vermittlung auf einer deutlich unspezifischeren Ebene als jener von Einstellungen und Überzeugungen vollziehen muss. Im Folgenden geht es vielmehr um die Frage, ob und in welchem Ausmaß die Eltern als Modell für die Orientierungen von Jugendlichen wirksam werden.

Korrelationen zwischen politisch-sozialen Einstellungen von Eltern und Jugendlichen im .30er Bereich, die in den eigenen (Hofer/Noack/Oepke/Buhl/Wild 1998) Analysen ebenso wie anderen Studien (z.B. Oswald/Kuhn/Rebenstorf/ Schmid 1999) festgestellt wurden, können als Indiz für die vermutete Modellwirkung der Eltern gesehen werden. Allerdings erlauben sie weder eine Erklärung im Sinne der zuvor angesprochenen genetischen Transmission auszuschließen noch eine Interpretation, die Prozesse retroaktiver Sozialisation, Einflüsse der Jugendlichen auf die Einstellungen ihrer Eltern, in den Vordergrund stellt.

Aufschlussreicher sind Ergebnisse auf der Grundlage längsschnittlicher Daten. Wenn die Fremdenfeindlichkeit der Eltern jene von Jugendlichen jenseits der Stabilität der Einstellungen voraussagt, die Letztere bekunden, kann dies als deutlicher Hinweis auf Elterneinflüsse gelten. Veränderungen im Ausmaß der Fremdenfeindlichkeit auf der Seite der Söhne und Töchter in Abhängigkeit von den Orientierungen der Eltern lassen zwar auch keinen strengen Schluss auf eine kausale Beziehung zu, bieten aber die größtmögliche Annäherung daran im Rahmen eines nichtexperimentellen Zugangs.

In längsschnittlichen Auswertungen des skizzierten Zuschnitts konnten wir zeigen, dass elterliche Fremdenfeindlichkeit Veränderungen der entsprechenden Einstellungen bei Jugendlichen in erwarteter Weise vorhersagen (Hofer/Noack/ Oepke/Buhl/Wild 1998): Toleranz bei den Eltern fördert die Toleranz der Söhne und Töchter. Auch wenn der Beitrag jenseits der Stabilität des Maßes für die Jugendlichen eher geringen Ausmaßes ist, kann ein systematischer Effekt festgehalten werden. Dabei sind sowohl die Einstellungen der Mütter als auch jene der Väter relevant. Interessant ist, dass sich gleichzeitig auch Einflüsse der entgegengesetzten Richtung ergaben: Auch die Einstellungen der Jugendlichen wirken sich auf jene ihrer Eltern aus. Es gibt also offenbar eine wechselseitige Beeinflussung in der Familie, die zur Stabilisierung und Akzentuierung der Einstellungen beider Generationen beitragen dürfte.

Auf welchem Wege wirkt sich nun das elterliche Einstellungsmodell auf Jugendliche aus? Als vermittelnder Prozess drängt sich natürlich die Wahrnehmung der Eltern durch ihre Söhne und Töchter auf. Entsprechend haben wir (Noack/Gniewosz/Wentura/Funke, eingereicht) Jugendliche verschiedener Altersgruppen gebeten einzuschätzen, welche Einstellungen ihr Vater und ihre Mutter gegenüber Ausländern und dem Ausland vertreten. Intraklassenkorrelationen belegen zwar den vermuteten Zusammenhang zwischen der Sicht der Jugendlichen und den Orientierungen, die sie ihren Eltern unterstellen. Die Größe der Zusammenhänge ist jedoch dramatisch mit Koeffizienten zwischen .65 und .85. Die Assoziationen sind geringfügig enger für die Mutter als Referenzperson und nehmen mit dem Alter etwas ab.

Auch wenn die tatsächliche Wahrnehmung der Eltern zu den hohen Übereinstimmungen beigetragen haben mag, reicht dies nicht als Erklärung für das Ergebnis aus. Während die Fremdenfeindlichkeit von Jugendlichen und ihren Eltern rund 10% gemeinsame Varianz aufweist, sind es 40 bis 70%, wenn statt der von den Eltern geäußerten Orientierungen jene betrachtet werden, die die Jugendlichen bei ihren Eltern vermuten. Wir gehen davon aus, dass Jugendliche im Sinne eines *false-consensus*-Effekts (Ross/Greene/House 1977) ihre eigene Sichtweise auf die Eltern projizieren, auf diese Weise (vermeintlich) bestätigen und sie über die (partielle) Illusion eines unterstützenden, gleichgesinnten sozialen Umfelds absichern. Auch ein solcher Prozess dürfte zur Stabilisierung der eigenen Sicht beitragen. Natürlich ist es denkbar, dass wir hier zumindest teilweise eine Modellwirkung der Eltern erleben, die jedoch nicht auf den Einstellungen von Vater und Mutter, sondern auf deren Verhalten beruht. Im Zusammenhang mit Untersuchungen, die sich auf einen anderen Einstellungsbereich beziehen, konnten wir in diesem Sinne feststellen, dass weniger die Einstellungen der Eltern, sondern relevantes, für die Kinder beobachtbares Verhalten die Sichtweisen letzterer prägen (Noack 2004).

Ein Aspekt elterlichen Verhaltens, der die Orientierungen von Jugendlichen beeinflussen könnte, ist deren Erziehungsverhalten. Theoretisch ist diese Hypothese schon vorgezeichnet in den frühen Arbeiten von Adorno und Kollegen (1950) zur Entwicklung der autoritären Persönlichkeit. In Konzeptualisierungen der aktuellen Erziehungsstilforschung interpretiert wäre die Annahme, dass Jugendliche, die im Elternhaus eine autoritäre Erziehung durch ihre Eltern erfahren, zu intoleranteren Einstellungen neigen sollten. Auf der Ebene bivariater Korrelationen finden sich entsprechende Zusammenhänge. Sie bergen jedoch die schon zuvor angeführten Interpretationsprobleme. Im Besonderen könnten sie auch durch intolerante Haltungen der Eltern gestiftet werden, die sich sowohl in deren Erziehungsverhalten niederschlagen als auch die Einstellungen der Jugendlichen beeinflussen. Wenn in längsschnittlichen Analysen auch die Effekte der elterlichen Einstellungen kontrolliert werden, reduziert sich der Einfluss eines autoritären Erziehungsstils zwar deutlich, es bleibt aber ein genuiner, wenn auch marginaler Erziehungseffekt bestehen. Ähnliches berichten Rebenstorf und Kollegen (2000), die in ihrer Studie Autoritarismus als Zielvariable betrachtet haben. Es fanden sich geringfügige eigene Effekte einer autoritären mütterlichen Erziehung auf den Aurtoritarismusaspekt Machtorientierung und Feindseligkeit unter 10.-Klässlern jenseits der Beeinflussung durch den elterlichen Autoritarismus.

3. Perspektiven für die Untersuchung schulischer Einflussprozesse

Während wir also inzwischen über ein vergleichsweise differenziertes (Prozess-) Wissen hinsichtlich der Entwicklung von Intoleranz im häuslichen Kontext verfügen, sieht es hinsichtlich der Schule als Sozialisationsinstanz anders aus. Es gibt eine ganze Reihe von Argumenten, die schulische Einflüsse nahe legen. Es gibt einen empirisch zweifelsfrei abgesicherten Effekt, Variationen in der Intoleranz von Schülern als Funktion des Schultyps. Darüber hinaus stehen weitergehende Einblicke noch aus.

Für die Annahme schulischer Einflüsse spricht allein schon die Zeit, die Kinder und Jugendliche im Schulkontext verbringen. Von Rutter und Kollegen (1979) metaphorisch titelnd mit „Fifteen thousand hours" beziffert, handelt es sich um einen beträchtlichen Teil der Wachzeit während dieses Abschnitts der Lebensspanne. Zumindest in Deutschland ist ein vornehmes Ziel der Institution, in dieser Zeit junge Menschen zu mündigen, toleranten Mitbürgern zu erziehen. Jedenfalls rangieren in den einschlägigen Gesetzen und Verordnungen der Bundesländer entsprechende Werthaltungen, Orientierungen und Handlungsbereitschaften ganz oben auf dem Katalog schulischer Aufgaben, nicht selten noch vor der Vermittlung von Fachwissen.

Eindeutig macht in jedem Fall der von Schülern besuchte Schultyp bzw. der besuchte Zug in leistungsgradierten Schulsystemen einen Unterschied. Schultypspezifische Variationen gehören zu den quantitativ stärksten, immer wieder replizierten Effekten in einschlägigen Studien (Schnabel 1993) und finden sich nicht nur bei Untersuchungen in deutschen Schulen. Allerdings ist zu vermuten, dass dieser robuste Effekt nicht oder nicht nur auf Erfahrungen in der Schule zurückgeht. Vielmehr dürften auch oder vor allem Selektionsprozesse wirksam werden. Mit der Zuweisung von jungen Menschen zu einem gegebenen Schultyp geht neben Leistungsmerkmalen eine Vielzahl von Hintergrundbedingungen einher wie der sozioökonomische Status der Herkunftsfamilie, die für Unterschiede in der Toleranz von Schülern verantwortlich sein könnten.

In einem Versuch, Selektions- und Sozialisationsprozesse als Basis für Schultypeffekte zu prüfen (Noack 2003), wurden neben verschiedenen Sozialstatusvariablen (Ausbildung und Berufsstatus der Eltern, ökonomische Situation der Familie) auch die elterliche Fremdenfeindlichkeit sowie der elterliche Erziehungsstil kontrolliert. Als Resultat schrumpfte der zuvor festgestellte Schultypeffekt zwar beträchtlich. Es blieb jedoch weiterhin ein signifikanter Beitrag des Schultyps zur Aufklärung von Fremdenfeindlichkeit bei den untersuchten Schülern bestehen. Selbst wenn zusätzlich auch die Fremdenfeindlichkeit der Jugendlichen zu einem vorangegangenen Zeitpunkt kontrolliert wurde, fand sich weiterhin ein Schultypeffekt. Er lässt sich deuten als Vergrößerung der Toleranzunterschiede zwischen Schülern unterschiedlicher Schultypen unabhängig vom familialen Hintergrund. Das Befundmuster legt nahe, dass Schultypunterschiede zwar zu einem großen Teil ein Ergebnis von Selektion darstellen, gleichzeitig aber auch in geringerem Umfang Sozialisationsprozesse für die festgestellten Toleranzunterschiede verantwortlich sind.

Wenn man auf der Suche nach Einflusswegen, die zu schultypspezifischen Variationen der Toleranz wie auch für schulabhängige Unterschiede innerhalb einer Schulform (Krüger 2000) führen, zunächst einmal nach der Bedeutung des Fachunterrichts fragt, sind die Antworten ernüchternd. In einem Prä-Post-Vergleich, der mit österreichischen Schülern durchgeführt wurde, finden Egger-Agbonlahor und Kollegen (2001) keine nennenswerten Veränderungen in den Einstellungen der einbezogenen Schüler und setzen selbst hinter die Frage nach Wissenszuwächsen im politisch-sozialen Bereich ein Fragezeichen. In einer eigenen quasiexperimentellen Studie, die nicht der Evaluation des Fachunterrichts galt, sondern der Prüfung von Informationsvermittlung als möglichem Weg schulischer Einflussnahme auf die Toleranz von Schülern (Menzel et al. 2001), ließ sich zwar die Zunahme des einschlägigen Wissens, in dem Fall zur

„deutschen Greencard" und ihrem Empfängerkreis, feststellen. Mit dem gestie-
genen Wissen war jedoch keine Zunahme der Toleranz gegenüber „Greencard"-
Nehmern verbunden, geschweige denn, im Sinne einer möglichen Ausstrahlung,
gegenüber Ausländern im Allgemeinen. Auch wenn die aufgeführten empirischen Zugänge keine zweifelsfreien Schlüsse erlauben, fügen sich die Ergebnisse
nahtlos in Ackermanns (1996) zusammenfassende Einschätzung des Forschungsstands ein, nach dem die Effekte des Fachunterrichts auf die Toleranz von Schülern eher fraglich sind. Es soll allerdings nicht ein gegenläufiger Befund zum
Ethikunterricht in Brandenburg (Gruehn/Schnabel 2001) verschwiegen werden,
der zu etwas Hoffnung Anlass gibt. Zumindest lässt sich feststellen, dass die
Befundlage gemischt ist, was nicht zuletzt auch auf die Schwierigkeit zurückzuführen ist, Einflüsse des Fachunterrichts unabhängig von zeitlich parallelen Ent-
wicklungs- und Sozialisationsprozessen sowie den Auswirkungen tagespoliti-
scher Ereignisse zu bestimmen. Letztlich fehlen derzeit weiterhin aussagekräfti-
ge Untersuchungen.

In weiterführenden Auswertungen der IEA-CIVICS-Daten gehen Torney-
Purta und Kollegen (2001) einem anderen Aspekt des schulischen Alltags nach.
Sie fragen nicht nach dem Inhalt der schulischen Instruktion, sondern nach Schule
als kleinem sozialem Feld, das durch die Art der dort stattfindenden Interaktionen Erfahrungen von Demokratie und Toleranz vermitteln kann (Krappmann
2000). Ihre Ergebnisse weisen darauf hin, dass eine schulische Atmosphäre, die
zur Ausbildung einer eigenen Meinung einlädt und deren Äußerung ermutigt,
selbst wenn im Umfeld andere Sichtweisen vorherrschen, mit einem höheren
Ausmaß an Toleranz unter Schülern einhergeht. Für diesen Zusammenhang
sprechen weitere vergleichbare Befunde (z.B. Meloen/Farnen 1996) wie auch die
frühen Feldstudien von Kohlberg (1986) zur Etablierung sogenannter *just com-
munities* in amerikanischen Schulen. Gerade solche Interventionsstudien lassen
vermuten, dass Erfahrungen von Demokratie und Partizipation kausale Effekte
auf Denken und Handeln der Beteiligten ausüben.

Die *just-community*-Studien (Oser 1998), die vor dem Hintergrund kogni-
tiv-strukturtheoretischer Überlegungen entworfen wurden, werfen aber auch die
Frage auf, ob erfahrene Demokratie und Toleranz die Einstellungen von Schülern in direkter Weise ansprechen, oder ob eine Vermittlung über die Förderung
sozialkognitiver Kompetenzen erfolgt. Jedenfalls weisen zahlreiche Befunde auf
eine systematische Assoziation der sozialkognitiven Kompetenz einerseits und
der Ausprägung der Toleranzdimension politischer Einstellungen andererseits
hin (Emler in prep.; Emler/Frazer 1999). Dass Schule und die Auseinandersetzung mit akademischen Anforderungen im Allgemeinen zur Entwicklung sozialkognitiver Kompetenz beitragen, ist eine nahe liegende Vermutung, allerdings in
dieser Form nur unzureichend untersucht. Wiederum besteht die empirische

Herausforderung darin, Beschulungseinflüsse und die Wirkung weiterer, zeitlich paralleler Sozialisations- und Entwicklungsprozesse trennscharf zu bestimmen, wie es beispielsweise Rost und Wild (1992) mit Blick auf die intelligenzförderliche Wirkung des Schulbesuchs versucht haben.

Vergleichbar stellt sich die Frage nach möglichen nichtbeachteten Vermittlungsprozessen für die Effekte von Intergruppenkontakten. Zahlreiche Forschungen belegen die toleranzförderliche Wirkung von Kontakten mit Mitgliedern von Fremdgruppen (Pettigrew 1998). Dollase (2001) prüfte das Modell in einer umfänglichen Studie an nordrhein-westfälischen Schulen und ermittelte beeindruckende Effekte. Bei den untersuchten deutschen Hauptschülern waren in Abhängigkeit vom Anteil ausländischer Klassenkameraden zunehmend positive Einstellungen gegenüber (türkischen) Ausländern zu verzeichnen. Dabei scheint sich der Schwellenwert eines Ausländeranteils von etwa 10% in der Schulklasse herauszukristallisieren. Höhere Quoten gingen nicht mit jeweils noch stärkerer Toleranz einher, allerdings ließ sich auch kein oberer Schwellenwert ausmachen, jenseits dessen die Toleranz der deutschen Schüler wieder geringer ausfiel im Sinne eines u-förmigen Zusammenhangs. Einschränkend ist zu bemerken, dass die querschnittlichen Felddaten keinen zweifelsfreien Schluss auf die zugrunde liegenden Prozesse zulassen. Zwar ist es wenig plausibel, Einflüsse der Einstellungen unter den deutschen Schülern auf die jeweilige Zahl der ausländischen Mitschüler zu vermuten. Drittvariableneffekte sind jedoch nicht auszuschließen.

Schließlich soll abschließend noch eine weitere mögliche Einflussgröße innerhalb des Schulkontexts angesprochen werden, die Lehrer selbst, speziell die Lehrereinstellungen, die wie die Orientierungen der Eltern ebenfalls als Modell wirksam werden könnten. Leider fehlen in dieser Hinsicht weitgehend empirische Anhaltspunkte. In der schon erwähnten Befragung, die wahrgenommenen Einstellungen im nahen sozialen Umfeld nachging (Noack/Gniewosz/Wentura/ Funke, eingereicht), wurden die teilnehmenden Schüler auch um ihre Vermutungen dahingehend gebeten, was ihre Lehrer über Ausländer und das Ausland denken. Die erfassten Wahrnehmungen betrafen den jeweils beliebtesten und den unbeliebtesten Lehrer. Auch wenn die Zusammenhänge mit den Schülereinstellungen hinter jenen zurückblieben, die für die Eltern als Referenzpersonen ermittelt wurden, wiesen sie eine beeindruckende Höhe auf. Für Lieblingslehrer bewegten sich die Korrelationen zumeist in den .50ern, sogar für den unbeliebtesten Lehrer bewegten sich die Koeffizienten zumeist noch in den .20ern und waren durchweg signifikant. Auch hier war ein altersgradierter Abfall zu verzeichnen, der im Wesentlichen zwischen dem 6. und dem 8. Schuljahr stattfand. Inwiefern die tatsächlichen Einstellungen der Lehrer und ihr Einfluss auf die Schüler zu diesen Ergebnissen beitrugen, ließ sich auf der Basis der verfügbaren Daten nicht klären.

Eine Studie von Bovier und Boehnke (1995) gibt Hinweise darauf, dass Lehrereinstellungen Schüler kaum direkt zu beeinflussen scheinen. Während danach
„linke Lehrer" nicht überzufällig häufig Schüler unterrichten, die „links" orientiert sind (oder „rechts"), ergab sich ein interessanter Interaktionseffekt. Es war
vor allem die Konstellation von vertretener politischer Orientierung der Lehrer
und ihrem Verhalten in der Klasse, die wirksam wurde. Wenn Lehrer sich beispielsweise liberal äußerten, aber eine autoritäre Unterrichtsführung realisierten,
bekundeten ihre Schüler vermehrt intolerante Orientierungen. Auch wenn wiederum die zugrunde liegenden kausalen Einflussrichtungen nicht geklärt werden
können, gibt die Arbeit anregende Denkanstöße.

4. Fazit

Intoleranz Jugendlicher im Allgemeinen und Fremdenfeindlichkeit im Besonderen markieren die Selbstverortung Jugendlicher in der sozialen Welt jenseits rein
interpersonaler Beziehungen. Sie bieten Jugendlichen damit eine Basis dafür, in
dieser Welt zu handeln, und tragen gleichzeitig zum individuellen Selbstbild bei.
Auch wenn dies ein Gemeinplatz sein mag, wurde es in theoretischen wie empirischen Arbeiten bislang noch zu wenig berücksichtigt. Ein Grund dürfte in der
disziplinären Arbeitsteilung von Entwicklungs- und Sozialpsychologie zu sehen
sein. Grenzgänger sind eher die Ausnahme und sollten ermutigt werden wie etwa
durch eine entsprechende Nachwuchsförderung (Noack 2001) und interdisziplinäre Zusammenschlüsse interessierter Forscher (Mummendey 2002). Innerhalb
der entwicklungspsychologischen Jugendforschung ist vor allem der Mangel an
Arbeiten zu beklagen, die die Lücke zwischen *civic development* und der Auseinandersetzung junger Menschen mit ihrer Identität schließen.

Dennoch wissen wir einiges, jedenfalls in Teilbereichen. Vor allem zur Familie als Sozialisationskontext gibt es eine ganz Reihe von Forschungen, die die
wichtige Rolle der Eltern, nicht zuletzt als Einstellungsmodell, unterstreichen.
Weniger ist bekannt zu Prozessen der häuslichen Interaktion und deren Einflüsse
auf die Toleranz von Jugendlichen. Zwar deuten vorliegende Daten an, dass
autoritäres Erziehungsverhalten intolerante Orientierungen zu fördern scheint. Im
Vergleich zum direkten Einfluss der elterlichen Einstellungen scheint dieser
Aspekt der häuslichen Erfahrungen jedoch nur von nachgeordneter Bedeutung zu
sein (Boehnke/Hagan/Merkens 1998). Es mag instruktiver sein, spezifischere
Konzeptualisierungen zu entwickeln, die eine demokratische Erziehung im engeren Sinne bestimmen und der empirischen Forschung zugänglich machen.
Gleichzeitig ist an die Eltern als Personen zu denken, die beispielsweise über das
Stiften von interpersonalen Kontakten, durch gemeinsames Reisen und auf wei-

teren Wegen Erfahrungen mit Andersartigkeit eröffnen können und mit ihren Söhnen und Töchtern erörtern.

Praktisch ausgeklammert blieben in der bisherigen Forschung Geschwister als mögliche Einflussgröße, obschon das Aufwachsen mit einem oder mehr Geschwisterkindern im Vergleich mit Einzelkindfamilien die verbreitetere Lebensform ist. Beachtung verdient dabei nicht nur die nahe liegende Rolle (älterer) Geschwister als Modell für die Auseinandersetzung mit dem weiteren sozialen Umfeld. Gleichzeitig verspricht eine Anlehnung an Ansätze zur Untersuchung der Folgen von Gleich- bzw. Ungleichbehandlung von Geschwistern in der Familie (z.B. McGuire/Dunn/Plomin 1996) gerade in Hinblick auf die Toleranzentwicklung vielleicht noch instruktivere Einblicke als beim gängigen Fokus auf allgemeine Merkmale der psychosozialen Anpassung.

Weniger gut kartiert als die häusliche Situation sind einschlägige Sozialisationserfahrungen in der Schule. Untersuchungen zur Wirksamkeit fachspezifischer Instruktion und von Diskussions- wie Interaktionserfahrungen in der Schule geben einige Anhaltspunkte zum Verständnis der schulbasierten politischen Sozialisation. Letztlich harren die meisten Befunde aber der tragfähigen Replikation, und eine Reihe weiterer möglicher Einflusswege werden diskutiert, ohne jedoch bislang systematisch geprüft worden zu sein. Dazu zählt die Frage nach der Bedeutung der kognitiven und sozialkognitiven Entwicklung Jugendlicher für die Entwicklung toleranter Orientierungen sowie deren Förderung durch den Schulbesuch.

Generell wäre wünschenswert, dass bei der Untersuchung schulischer Bedingungen als Einflussfaktoren für die Toleranz von Schülern Merkmale, die der Klassen- und Schulebene zuzurechnen sind, auch auf diesen Ebenen analysiert werden. Damit soll die Bedeutung der individuellen Wahrnehmungen seitens der Schüler als vermutlich wichtiger Vermittlungsweg nicht abgestritten werden. Mehrebenenanalytische Auswertungsverfahren (Ditton 1998), die inzwischen eine zunehmende Verbreitung finden, erlauben jedoch, Effekte auf Individual- sowie übergeordneten Kontextebenen gleichzeitig zu modellieren und sollten auch in den hier diskutierten Forschungsbereich verstärkt Eingang finden, da sie sowohl angemessenere Antworten auf die verfolgten inhaltlichen Fragen versprechen als auch nebenher methodische Mängel vermeiden, die durch die Vernachlässigung des Problems abhängiger Daten bei klassenweisen Erhebungen entstehen.

Es liegt nahe zu vermuten, dass Schule ihre angenommene Wirkung auf die Einstellungen und Überzeugungen von Jugendlichen nicht in einem Vakuum ausübt. Wahrscheinlicher sind differenzielle Effekte in Abhängigkeit von den Erfahrungen, die die Schüler in anderen Alltagskontexten, vor allem in der Familie machen. Ob schulische Einflüsse nur dann wirksam werden können, wenn sie parallel zu den elterlichen laufen, oder ob Schule in dieser Hinsicht auch eine kompensatorische Funktion erfüllen kann, ist eine weitgehend offene Frage. Sie verdient ebenso das Interesse der empirischen Forschung wie Mesosystemeffekt im engeren Sinne, also die Nähe von Elternhaus und Schule sowie der Austausch zwischen beiden Sozialisationsinstanzen. Mittlerweile mehren sich Befunde, die unterstreichen, dass sich eine enge Einbindung der Eltern in den Schulalltag, rege Interaktionen mit den Lehrern und partizipative Strukturen generell günstig auf die schulbezogene Anpassung von Schülern auswirken (Fend 1998). Mit Blick auf die politisch-soziale Entwicklung Jugendlicher ist zu vermuten, dass eine solche Ausgestaltung der Mesosystembeziehung nicht nur die Schule in der Erfüllung ihres Erziehungsauftrags unterstützen sollte, sondern auch Modelleffekte für die Schüler haben könnte. Analog der entsprechenden Argumentation für das Geschehen im Klassenzimmer stellt der offene Umgang mit den Eltern und deren Partizipation am Schulalltag ein Stück gelebter Demokratie dar, das für Schüler beobachtbar und überschaubar ist.

Bis zu diesem Punkt war von Peers und ihrem Beitrag zur Ausbildung und Stabilisierung von Toleranz nicht die Rede. Es mag als willkürliche Festlegung erschienen sein, dass sich der vorangegangene Forschungsüberblick weitgehend auf Eltern und Schule konzentriert hat. Die Entscheidung spiegelt jedoch nicht zuletzt den eher mageren Forschungsstand zu Peers als Sozialisationsinstanz in der Toleranzentwicklung. Aus inhaltlicher Sicht ist das erstaunlich. Wir wissen, dass fremdenfeindliche Gewalt vor allem auch aus der Dynamik von Peergruppen heraus entsteht (Willems 1993). Gleichaltrige Freunde stimmen untereinander ähnlich in ihren Einstellungen zu Fremden überein wie Eltern und Jugendliche (Oswald et al. 1999). Betrachtet man den Zusammenhang zwischen eigenen Einstellungen und den bei den wahrgenommenen Einstellungen, ergeben sich (vermeintliche) Ähnlichkeiten, die jene zu anderen nahen Sozialpartnern durchweg überschreiten (Noack et al., eingereicht). Und, vielleicht am wichtigsten, es gibt starke theoretische Argumente, die mit Bezug auf die dem Prinzip nach gleichberechtigten Beziehungen und Aushandlungen zwischen Gleichaltrigen dieses Mikrosystem als wichtigen Erfahrungsraum für die Toleranzentwicklung vermuten lassen (Krappmann 1998). Dennoch bleibt jenseits des etwas undifferenzierten Blicks auf Peers als Gesamt der Klassengemeinschaft ein beklagenswerter Mangel an empirischen Bemühungen zu konstatieren. Selten werden in Studien Freunde als Untersuchungsteilnehmer einbezogen. Gleiches gilt beispielsweise für den Einsatz von Soziogrammen, die Aufschlüsse über die soziale Vernetzung in einer Schulklasse geben und als Basis für die Analyse von wechselseitigen Einflüssen bieten können. Es ist einzuräumen, dass beides Beispiele für methodische Zugänge sind, deren Realisierung aufwändiger ist als das gängige Fragebogenformat.

Wenn man von Bedingungen auf der Mesoebene zu solchen auf der Makroebene übergeht, finden sich einerseits argumentativ wohl fundierte Hypothesen, die Einflüsse des gesellschaftlichen Kontextes, speziell raschen sozialen Wandels, auf Intoleranz und Fremdenfeindlichkeit postulieren, andererseits aber nur gemischte Evidenz. Das gilt sowohl für die nicht eindeutig interpretierbaren Ergebnisse kultur- bzw. ländervergleichender Studien (ähnlich: Vergleiche einer Gesellschaft zu unterschiedlichen historischen Zeitpunkten) als auch für Beobachtungen, die gesellschaftliche Bedingungen als Erfahrungen auf der Individualebene zu erfassen trachten. Die Aussagekraft der angesprochenen Kulturvergleiche würde damit zunehmen, dass Variablen einbezogen würden, die die postulierten Bedingungsfaktoren und ggf. vermittelnde Mechanismen abbilden. Auf diesem Wege ließe sich bestimmen, inwieweit kulturspezifische Variationen in der Toleranz Jugendlicher auf die angenommene Weise zustande kommen. Dabei richtet sich das Interesse weiterhin nur auf die Erklärung von Unterschieden im Niveau der Toleranz. Ebenso wichtig wäre zu prüfen, ob dieselben Prozesse in verschiedenen Gesellschaften wirksam sind. Ein Beispiel ist die Beziehung zwischen der Identifikation mit dem eigenen Land und Tendenzen zur Diskriminierung von Ausländern. Es wird argumentiert, dass in manchen Ländern ein enger Zusammenhang zwischen beiden besteht, während sie andernorts weitgehend unabhängig voneinander sind. Vergleichbare Moderatoreffekte des Makrokontextes sind auch mit Blick auf andere Zusammenhangsmuster denkbar.

Ansatzpunkte für weiterführende Forschungen sind also vielfältige gegeben. Es wäre erfreulich, wenn das gesellschaftlich hoch eingeordnete Ziel der politisch-sozialen Erziehung Jugendlicher zukünftig eine ähnliche wissenschaftliche Beachtung fände, wie es bei der Vermittlung von Fachkompetenzen seit dem TIMSS- und PISA-Schock der Fall ist.

Literatur

Ackermann, P. (1996): Das Schulfach ‚Politische Bildung' als institutionalisierte politische Sozialisation. In: Claussen, B./Geissler, R. (Hrsg.): Die Politisierung des Menschen. Opladen: Leske + Budrich, 91-100.

Adorno, Th./ Frenkel-Brunswik, E./Levinson, D.J./Sanford, R.N. (1950): The authoritarian personality. New York: Norton.

Boehnke, K./Hagan, J./Merkens, H. (1998): Right-wing extremism among German adolescents: Risk factors and protective factors. In: Applied Psychology: An International Review, 47, 1, 109-126.

Bovier, E./Boehnke, K. (1995): Linke Lehrer – rechte Schüler? Zu Einflüssen von Lehrerwerthaltungen und Unterrichtsstil auf Fremdenfeindlichkeit und Gewaltbereitschaft von Schülern in Ost- und Westberlin. In: Arbinger, R./Jaeger, R. (Hrsg.): Zukunftsperspektiven empirisch-pädagogischer Forschung. Landau: Verlag Empirische Pädagogik, 28-35.

Conger, R./Elder, G. (1994): Families in troubled times. Adapting to change in rural America. New York: Walter de Gruyter.

Ditton, H. (1998): Mehrebenenanalyse. Grundlagen und Anwendungen des Hierarchisch Linearen Modells. Weinheim: Juventa.

Dollase, R. (2001): Die multikulturelle Schulklasse – oder: Wann ist der Ausländeranteil zu hoch? In: Zeitschrift für Politische Psychologie, 9, 2+3, 113-126.

Egger-Agbonlahor, I./Spiel, C./Trittmayr, N. (2001): Die politisch-soziale Einstellung Jugendlicher – was bewirkt die Schule? Vortrag auf der Wissenschaftlichen Tagung der Österreichischen Gesellschaft für Psychologie, Wien, Österreich, März.

Elder, G. (1974): Children of the Great Depression. Chicago: University of Chicago Press.

Emler, N. (in prep.): Morality and political orientations. An analysis of their relationship. London: The London School of Economics.

Emler, N./Frazer, E. (1999): Politics: The educational effect. In: Oxford Review of Education, 25, 251-273.

Fend, H. (1998): Qualität im Bildungswesen. Schulforschung zu Systembedingungen, Schulprofilen und Lehrerleistung. Weinheim: Juventa.

Frindte, W./Neumann, J./Hieber, K./Knote, A./Müller, C. (2001): Rechtsextremismus = „Ideologie plus Gewalt" – Wie ideologisiert sind rechtsextreme Täter? In: Zeitschrift für Politische Psychologie, 9, 2+3, 81-98.

Gruehn, S./Schnabel, K. (2001): Schulleistung im moralisch-wertbildenden Lernbereich. Das Beispiel Lebensgestaltung-Ethik-Religionskunde (LER) in Brandenburg. In: Weinert, F.E. (Hrsg.): Leistungsmessungen in Schulen. Weinheim: Beltz, 187-201.

Havighurst, R. (1972): Developmental task and education (3. Aufl.). New York: Longman.

Heitmeyer, W. (1992): Rechtsextremistische Orientierungen bei Jugendlichen – Empirische Ergebnisse und Erklärungsmuster einer Untersuchung zur politischen Sozialisation (4. Aufl.). Weinheim: Juventa.

Hofer, M./Noack, P./Oepke, M./Buhl, M./Wild, E. (1998): Reciprocal processes in political socialization among East and West German families. Vortrag auf dem Biennial Meeting of the Society for Research on Adolescence, San Diego, USA.

Kohlberg, L. (1986): Der „Just Community"-Ansatz der Moralerziehung in Theorie und Praxis. In: Oser, F./Fatke, R./Höffe, O. (Hrsg.): Transformation und Entwicklung. Frankfurt/M.: Suhrkamp, 21-55.

Kracke, B./Oepke, M./Wild, E./Noack, P. (1998): Adolescents, families, and German unification. In: Nurmi, J.-E. (Ed.): Adolescents, cultures, and conflicts. New York: Garland, 149-170.

Krappmann, L. (1998): Sozialisation in der Gruppe der Gleichaltrigen. In: Hurrelmann, K./Ulich, D. (Hrsg.): Handbuch der Sozialisationsforschung (5. Aufl.). Weinheim: Beltz, 355-375.

Krappmann, L. (2000): Politische Sozialisation in Kindheit und Jugend durch Partizipation an alltäglichen Entscheidungen – ein Forschungskonzept. In: Kuhn, H.-P./Uhlendorff, H./Krappmann, L. (Hrsg.): Sozialisation zur Mitbürgerlichkeit. Opladen: Leske + Budrich, 77-92.

Krüger, H.-H. (2000): Statement zu Rechtsextremismus an Schulen in Sachsen-Anhalt. Anhörung des Ausschusses für Bildung und Wissenschaft des Landtags von Sachsen-Anhalt zu Fragen rechtsextremistischer und fremdenfeindlicher Gewalt, Magdeburg, Dezember.

McGuire, S./Dunn, J./Plomin, R. (1996): Maternal differential treatment of siblings and children's behavioral problems: A longitudinal study. In: Development & Psychopathology, 7, 3, 515-528.

Meloen, J./Farnen, R. (1996): Authoritarianism and educational content/style: a cross-national survey of students from 30 countries. Vortrag auf dem Annual Scientific Meeting of the International Society of Political Psychology, Vancouver, Kanada.

Menzel, D./Richter, D./Schilke, C./Thomas, A./Weber, M./Noack, P. (2001): Informationsvermittlung und Einstellung zu Ausländern. Poster auf der Tagung der Fachgruppe Pädagogische Psychologie, Landau.

Mummendey, A. (2002): Antrag auf Einrichtung einer Forschergruppe, Discrimination and tolerance in intergoup relations'. Jena: Universität Jena.

Neumann, J. (1999): Aggressives Verhalten rechtsextremer Jugendlicher. Eine Überprüfung der Einstellungs-Verhaltens-Modelle von Fishbein und Ajzen in Verbindung mit Tedeschis Theory of Coercive Action. Jena: Universität Jena.

Noack, P. (2001): Conflict and cooperation betweengroups: A European Graduate College. In: International Journal of Group Tensions, 30, 111-116.

Noack, P. (2004): The family context of preadolescents' orientations towards mathematics: Effects of maternal orientations and behavior. In: Journal of Educational Psychology, 96, 714-722.

Noack, P. (2003): Schultypspezifische Variation politisch-sozialer Toleranz – nur eine Frage der Selektion? In: Zeitschrift für Soziologie der Erziehung und Sozialisation, 4, 343-355.

Noack, P./Kracke, B. (1995): Jugendliche, Ausländer und Europa: Einstellungen in Abhängigkeit von globalen Werthaltungen und Schultyp. In: Psychologie in Erziehung und Unterricht, 42, 89-98.

Noack, P./Gniewosz, B./Wentura, D./Funke, F. (eingereicht): Adolescents' attitudes towards foreigners: Associations with perceptions of the social context depending on age.

Olson, J.M./Vernon, P.A./Jang, K.L./Harris, J.A. (2001): The heritability of attitudes: A study of twins. In: Journal of Personaliy and Social Psychology, 80, 6, 845-860.

Oser, F. (1998): Moralentwicklung und Moralförderung. In: Rost, D.H. (Hrsg.): Handwörterbuch Pädagogische Psychologie. Weinheim: Beltz, 352-356.

Oswald, H./Kuhn, H.-P./Rebenstorf, H./Schmid, C. (1999): Die Brandenburger Gymnasiastenstudie. Ausgewählte Bereiche politischer Identitätsbildung – Bericht über die ersten drei Erhebungswellen. Potsdam: Universität Potsdam.

Pettigrew, Th. (1998): Intergroup contact theory. In: Annual Review of Psychology, 49, 65-85.

Rebenstorf, H./Schmid, C./Kuhn, H.-P. (2000): Autoritäre Reaktion und Erziehungsstil: Zur Entwicklung autonomer Persönlichkeit. In: Kuhn, H.-P./Uhlendorff, H./Krappmann, L. (Hrsg.): Sozialisation zur Mitbürgerlichkeit. Opladen: Leske + Budrich, 37-57.

Ross, L./Greene, D./House, P. (1977): The „false consensus effect": An egocentric bias in social perception and attribution processes. In: Journal of Experimental Social Psychology, 13, 279-301.

Rost, D./Wild, K.-P. (1992): Fördert die Schule die Intelligenz. Vortrag auf der 51. Tagung der Arbeitsgruppe für empirische pädagogische Forschung, Bielefeld.

Rutter, M./Maughan, B./Mortimore, P./Ouston, J. (1979): Fifteen thousand hours. London: Open Books.

Schnabel, K. (1993): Ausländerfeindlichkeit bei Jugendlichen in Deutschland. In: Zeitschrift für Pädagogik, 39, 799-822.

Tajfel, H./Turner, J. (1986): The social identity theory of intergroup behavior. In: Worchel, S./Austin, W. (Hrsg.): Psychology of intergroup relations. Chicago: Nelson-Hall, 7-24.

Torney-Purta, J./Lehmann, R./Oswald, H./Schulz, W. (2001): Citizenship and education in twenty-eight countries: Civic knowledge and engagement at age 14. Amsterdam: IEA.

Willems, H. (1993): Fremdenfeindliche Gewalt. Einstellungen, Täter, Konflikteskalation. Opladen: Leske + Budrich.

Strukturelle Assimilation und ethnische Schichtung

Structural Assimilation and ethnic stratification

Hartmut Esser

Zusammenfassung: Vor dem Hintergrund der Diskussionen um die „neue" Immigration wird die These begrifflich, theoretisch und empirisch begründet, wonach das Konzept der Assimilation nach wie vor eine relevante Bezugsgröße für die Analyse der Entwicklung der intergenerationalen Integration von Migranten ist. Dabei werden die zur Assimilation denkbaren Alternativen, wie die Marginalisierung der Migranten, ethnische Pluralisierungen, ethnische Segmentationen und ethnische Schichtungen auch vor dem Hintergrund der Besonderheiten moderner, funktional differenzierter Gesellschaften diskutiert und beurteilt.

Abstract: Against the background of the discussions on the „new" immigration, the hypothesis that the concept of assimilation is still a relevant base for the analysis of the development of intergenerational integration of immigrants is justified conceptually, theoretically and empirically. For that purpose conceivable alternatives to assimilation, as marginalisation of immigrants, ethnic pluralisation, ethnic segmentation and ethnic stratification, are discussed and evaluated, also in view of the characteristics of modern, functionally differentiated societies.

Als Beschreibung der längerfristigen Perspektiven der intergenerationalen Integration von Migranten ist das Konzept der Assimilation immer umstritten gewesen. Selbst in den deutlichsten Formulierungen der frühe(re)n Migrationssoziologie, etwa bei Park, Gordon, Price oder Eisenstadt, finden sich immer wieder einschränkende Bemerkungen, und – spätestens – im Zuge der sog. „New Immigration" nach 1965 hat es z.B. in den USA erhebliche Diskussionen um seine Haltbarkeit nicht nur als normatives Modell gegeben, sondern gerade auch als Trendbeschreibung der empirischen Entwicklung der interethnischen Beziehungen. Nicht länger könne von bruchlosen Trends der Assimilation über die Generationen hinweg gesprochen werden, und an die Stelle des spurenlosen Verschwindens der ethnischen Kategorien seien vielfältige Muster der auch dauerhaften ethnischen Pluralisierung, der „segmented assimilation" und zahlloser „discontents" mit der bloßen Anpassung an die Aufnahmegesellschaft zu beobachten (vgl. u.a. Massey et al. 1998; Portes 1999; Rumbaut 1999; Zhou 1999; Faist 2000; Pries 2001). Freilich ist die Gegenkritik auch nie verstummt. Vor allem Richard Alba, der sich besonders intensiv mit den *empirisch* beobachtbaren Vorgängen der längerfristigen Prozesse der intergenerationalen Integration befasst hat, ist mit einigen seiner Kollegen dieser These vom „decline" des Konzeptes der Assimilation sehr dezidiert entgegen getreten (am deutlichsten in

Alba/Nee 1999). Das Grundargument bei dieser Verteidigung besteht darin, dass die Kritik am klassischen Assimilationskonzept mindestens (zu) voreilig gewesen sei. Die Verteidigung des Assimilationskonzeptes, speziell bei Alba und Nee, geht davon aus, dass es in der Tat doch weiter einen institutionellen und kulturellen Kern der jeweiligen nationalstaatlich definierten Aufnahmegesellschaften gebe, der auf die Migranten (aller Generationen) über alle Differenzen und Distanzen hinweg als eine Art unwiderstehlicher zentripetaler Kraft wirkt und sie, schon von den objektiven eigenen Interessen her, letztlich über die Generationen hinweg auf den Weg der Assimilation an diesen Kern zwingt.

Der folgende Beitrag soll zeigen, dass das eine immer noch sehr plausible Position ist. Nach den nötigen begrifflichen Klärungen werden einige theoretische Argumente dafür vorgebracht, warum es für die *strukturelle* Assimilation, verstanden als Sozialintegration der Migranten (bzw. der Folgegenerationen) in die *relevanten* institutionellen Bereiche der Aufnahmegesellschaft, speziell im Bildungssystem und auf den primären Arbeitsmärkten, *keine* sinnvolle Alternative gibt. Dieses Urteil kann nicht ohne Wertungen auskommen. Diese Wertungen werden speziell vor dem Hintergrund der institutionellen, kulturellen und auch politischen Kennzeichen und Bestandsbedingungen von modernen, funktional differenzierten Gesellschaften vorgenommen. Den Schluss bildet ein kurzer Ausblick auf die längerfristigen Perspektiven, nicht zuletzt angesichts des erkennbaren Voranschreitens der weltweiten Interdependenzen im Zuge der ökonomischen Globalisierung.

1.   Soziale Integration und individuelle Assimilation

Assimilation bedeutet im Zusammenhang interethnischer Beziehungen zunächst ganz allgemein die *Angleichung* der Akteure bzw. Gruppen in gewissen Eigenschaften an einen bestimmten Standard. In einem naiven Verständnis wird dabei oft die – mehr oder weniger erzwungene und auferlegte – Homogenisierung einer Bevölkerung und die Aufgabe kultureller, religiöser und ethnischer Identitäten gemeint, der dann manchmal die (attraktivere) Idee einer multikulturellen Vielfalt eines friedlichen Miteinanders der verschiedenen Gruppen entgegengestellt wird. Oft wird der Begriff auch dem Konzept der Integration entgegengesetzt, unter dem dann die Eingliederung der Migranten in den Rahmen der Aufnahmegesellschaft eben ohne die Aufgabe ihrer ethnischen Eigenständigkeiten verstanden wird. Die Komplikationen – und viele Verwirrungen in den Diskussionen – ergeben sich daraus, dass jeweils sehr verschiedene Aspekte des sozialen Geschehens angesprochen sein können, die nicht nur begrifflich unterschieden werden müssen, sondern darüber hinaus in oft nicht leicht erkennbaren theoretischen und empirischen Zusammenhängen miteinander stehen. Eine erste zentrale Unterscheidung ist – im Anschluss an Lockwood – die nach Sozial- und Systemintegration. Die Sozialintegration bezieht sich auf den Einbezug von Akteuren in ein bestehendes soziales System, die Systemintegration auf den Zusammenhalt eines kompletten sozialen Systems, speziell einer Gesellschaft. Hinzu kommt, zweitens, die Betrachtung der sozialen Strukturen einer Gesellschaft, und zwar in Form der in ihr bestehenden sozialen Ungleichheit einerseits und ihrer internen sozialen Differenzierung andererseits (vgl. dazu allgemein Esser 2000).

Für die *Sozialintegration* von Migranten lassen sich zwei Aspekte ihres Einbezugs in ein soziales System unterscheiden (vgl. zu dieser Logik mit dem Bezug nur auf die kulturelle Dimension und mit anderen Bezeichnungen Berry 1990, 245): die ethnische Gruppe, sei es die Herkunftsgesellschaft, eine ethnische Kolonie oder ein transnationales ethnisches Netzwerk, einerseits und die Aufnahmegesellschaft bzw. ein bestimmtes Segment davon andererseits. Aus dieser Logik ergeben sich vier Konstellationen: die *Marginalität* als das Fehlen jeder sozialen Integration, die *multiple Inklusion* als gleichzeitige soziale Integration in *beide* soziale Systeme, etwa als Bilingualität oder multiple Identität, die *individuelle Segmentation* als die soziale Integration des Akteurs (nur) in die ethnische Gruppe und die soziale Integration (nur) in die Aufnahmegesellschaft, die als *individuelle Assimilation* bezeichnet sei.

Die *individuelle* Assimilation ist damit ein Spezialfall der *Sozial*-Integration von Migranten als individuelle Akteure in bestehende soziale Systeme. Hier lassen sich wiederum vier Dimensionen unterscheiden: die *kulturelle* Assimilation, speziell in der Form des Spracherwerbs, die *strukturelle* Assimilation, vor allem als Erwerb von Bildungsqualifikationen und der Platzierung auf dem (primären) Arbeitsmarkt, die *soziale* Assimilation als die Existenz von Kontakten zu der einheimischen Bevölkerung, am deutlichsten ablesbar an einer interethnischen Heirat, und die *emotionale* Assimilation als – mehr oder weniger milde – Identifikation mit den Verhältnissen im Aufnahmeland. Die individuelle Assimilation beinhaltet damit die – empirisch feststellbare – Angleichung der sozialen Positionierung, der Eigenschaften und schließlich der Verhaltensweisen an einen bestimmten Standard, und es ist jedenfalls vom Konzept her nicht ausgeschlossen, dass diese Angleichung auch von der Aufnahmegesellschaft her ausgeht, wie das etwa in der „pluralistischen Assimilation" in vielen ethnischen Eßgewohnheiten problemlos der Fall ist. Mit dieser beschriebenen Vieldimensionalität der Vorgänge ergeben sich eine Reihe möglicher Kombinationen der verschiedenen Arten der individuellen Assimilation, deren Extreme die komplette Assimilation einerseits oder die vollständige Segmentation in allen Dimensionen andererseits ist. Es lassen sich auch bestimmte kausale Beziehungen und Prozessverläufe vorstellen, etwa derart, dass der Spracherwerb eine notwendige

Bedingung der strukturellen Assimilation ist, die ihrerseits von einer gewissen sozialen Assimilation abhängig ist.

Mit den drei anderen Typen der beschriebenen Logik sind die Alternativen zur (individuellen) Assimilation gegeben: die Marginalität, die Segmentation und die multiple Inklusion. Alle diese Fälle lassen sich empirisch auch beobachten, wenngleich in unterschiedlichen Häufigkeiten. Als Alternativen kommen, wenn man hier eine wohl unumstrittene normative Wertung einfügen mag, nur die (individuelle) Segmentation und die multiple Inklusion in Frage. Besonders die multiple Inklusion dient vor diesem Hintergrund oft als Anhaltspunkt für Überlegungen zu den Perspektiven einer multikulturellen Gesellschaft. Dabei ist indessen festzuhalten, dass es sich stets *auch* um die Inklusion in (relevante) Bereiche der Aufnahmegesellschaft handelt, wie etwa das Beispiel der Bilingualität zeigt: Dazu bedarf es *immer* auch der (souveränen) Beherrschung der Sprache des Aufnahmelandes. Die multiple Inklusion setzt daher stets *mehr* voraus – an Verfügbarkeit von Opportunitäten und an Investitionen – als die „einfache" individuelle Assimilation oder Segmentation, und das mag erklären, warum sie in der Regel nur in Ausnahmefällen und bei speziellen Gruppen, wie Akademikern oder Künstlern, festzustellen ist (vgl. für den Fall der Bilingualität u.a. Portes/Schauffler 1996, Bean/Stevens 2003). Ohne Vorgänge der individuellen Assimilation, etwa an Sprachkompetenzen, ist sie jedenfalls nicht möglich. Und manche Arten der Sozialintegration, wie ein Bildungsabschluss oder die Integration in den primären Arbeitsmarkt, sind als multiple Inklusion schon technisch und institutionell kaum denkbar.

2.   Soziale Ungleichheit, soziale Differenzierung und gesellschaftliche Assimilation

Interethnische Beziehungen berühren stets auch die *sozialen Strukturen* einer Aufnahmegesellschaft, vor allem die Muster der sozialen Ungleichheit einerseits und der sozialen Differenzierung andererseits. Die soziale Ungleichheit bezieht sich dabei auf gewisse (statistische) *Aggregationen* der individuellen Eigenschaften und Verhaltensweisen von ansonsten unverbundenen Akteuren, die soziale Differenzierung dagegen auf die Beziehungen der verschiedenen *sozialen Systeme* einer Gesellschaft, etwa in der Form funktionaler Differenzierungen einer gesellschaftlichen Arbeitsteilung nach Funktionssystemen, kultureller Differenzierungen in unterschiedliche kulturelle Milieus oder auch normativer Differenzierungen in deviante Subkulturen oder gar Gegenkulturen. Vor diesem Hintergrund lässt sich der Begriff der *gesellschaftlichen* Assimilation leicht rekonstruieren. Er hat entsprechend zwei Bezüge: die soziale Ungleichheit und die soziale Differenzierung.

Bezogen auf die soziale Ungleichheit bedeutet die (gesellschaftliche) Assimilation ethnischer Gruppen nichts weiter als das (komplette) Verschwinden von Zwischengruppen-Differenzen zwischen den verschiedenen ethnischen Kategorien in (relevanten) individuellen Eigenschaften. Das heißt nicht das Verschwinden von sozialen Ungleichheiten insgesamt, sondern (nur), dass es keine ethnisch strukturierten sozialen Ungleichheiten gibt. Bezogen etwa auf die Kategorie des Geschlechts, hieße die Geschlechts-Assimilation nur das Verschwinden jeder Ungleichheit im Einkommen nach Geschlecht, und keineswegs der Einkommensunterschiede insgesamt. Man könnte diese Form als Aggregat-Assimilation bezeichnen. Bezogen auf die soziale Differenzierung läge entsprechend eine (gesellschaftliche) Assimilation der ethnischen Gruppen dann vor, wenn sie sich als eigenständige soziale Systeme, etwa als ethnische Enklaven und Organisationen, auflösen, speziell in der Hinsicht, dass es keine besonderen ethnischen Institutionalisierungen, Codierungen, Grenzziehungen und Organisationen gibt. Diese Form der de-ethnisierenden gesellschaftlichen Angleichung könnte man als *System-Assimilation* bezeichnen. Das heißt beispielsweise, dass es die ethnischen Gemeinden nur noch als eher private und individualisierte Segregationen nach persönlichen Präferenzen, aber nicht (mehr) als institutionell vollständige, selbstgenügsame und ethnisch codierte und abgegrenzte „Parallelgesellschaft" gibt, und dass sich auch bestimmte kulturelle Arbeitsteilungen der Verteilung von Funktionsbereichen auf typische ethnische Gruppen auflösen. So gesehen ist die nach ethnischen Kategorien vollzogene System-Assimilation (wie die Aggregat-Assimilation auch) ein *zentraler* Aspekt der konsequenten *funktionalen* Differenzierung und Modernisierung von Gesellschaften und der Auflösung von letztlich funktionsfremden ständischen Elementen darin.

Sowohl die soziale Ungleichheit wie die soziale Differenzierung haben eine horizontale wie eine vertikale Dimension. Mit der gesellschaftlichen Assimilation ist – logischerweise – diese Unterscheidung nicht weiter von Belang. Sie wird aber bedeutsam mit Blick auf die Alternativen zur (gesellschaftlichen) Assimilation. Bei der sozialen Ungleichheit betrifft die horizontale Dimension die Andersartigkeit der Akteure ohne eine weitere Bewertung, etwa bestimmte Lebensstile, religiöse Überzeugungen oder Präferenzen für Wohngegenden. Die vertikale Dimension bezieht sich dagegen auf die Andersrangigkeit der ethnischen Gruppen, etwa im Einkommen, in den Bildungsabschlüssen oder in der Qualität der Wohnumgebung. Die horizontale ethnische Ungleichheit, etwa in der Form der Beibehaltung nicht weiter bewerteter kultureller Gewohnheiten und Fertigkeiten, sei dann als *ethnische Pluralisierung* bezeichnet, die *vertikale* ethnische Ungleichheit als *ethnische Schichtung*. Es gibt sie beispielsweise in der Form systematischer ethnischer Bildungsungleichheiten. In Hinblick auf die soziale Differenzierung betrifft die horizontale Dimension das Nebeneinander verschiedener, aber als gleichrangig angesehener gesellschaftlicher Segmente, etwa bei den Teilstaaten eines Staatenverbundes. Die vertikale Dimension bezeichnet dagegen Unterschiede in Macht, Prestige und Privilegien zwischen diesen Segmenten, etwa als Folge eines unterschiedlichen Entwicklungsstandes der Segmente. Der Fall der horizontalen ethnischen Differenzierung sei als *ethnische Segmentation* bezeichnet. Es ist die Abspaltung einer ansonsten als gleichrangig angesehenen ethnischen Gruppe als (relativ) autonome gesellschaftliche Untereinheit. Der Fall der *vertikalen* Rangordnung ethnischer Sozialsysteme sei schließlich als *ethnischer (Neo-)Feudalismus* bezeichnet. Es ist eine Situation, die einem Kastensystem nicht unähnlich ist, und manche Autoren haben, etwa im Zusammenhang der Situation der Farbigen in den USA, von einem Quasi-Kasten-System gesprochen (vgl. Berreman 1960).

3. Systemintegration und strukturelle Assimilation

System-Integration liegt dann vor, wenn die Teile eines übergreifenden sozialen Systems, etwa eine Gesellschaft, untereinander verbunden und wechselseitig voneinander abhängig sind, jedes für sich damit ein „integraler" Bestandteil des gesamten (sozialen) Systems ist und dadurch ein gesellschaftlicher Zusammenhalt der verschiedenen Teile – Akteure, Aggregate und Teil-Systeme – gegeben ist. Als Minimalbedingung der Systemintegration lässt sich die Abwesenheit von (offenen und systematischen) Konflikten zwischen Teilen der Bevölkerung, etwa zwischen sozialen Klassen, bzw. bestimmten Teil-Systemen, etwa zwischen Regionen, benennen. Die System-Integration ist das zentrale Problem aller in verschiedene Aggregate und/oder Teil-Systeme differenzierten Gesellschaften. *Ethnische* Konflikte sind dann jener Spezialfall einer System-Desintegration, bei der es gewisse ethnisch codierte Spaltungen der ethnischen Ungleichheit und/ oder, besonders, der ethnischen Differenzierung gibt.

Gesellschaftliche Konflikte und die System-Desintegration gibt es zwar in ethnisch homogenen wie in ethnisch heterogenen Gesellschaften, und insoweit ist die Systemintegration empirisch und theoretisch von der Art der Sozialintegration unabhängig. Gleichwohl lassen sich einige Bedingungen dafür angeben, wovon die Systemintegration speziell der komplexen, funktional differenzierten modernen Gesellschaften, die das hauptsächliche Ziel der internationalen Migrationen sind, abhängt. Die beiden wichtigsten Bedingungen sind die Verfügung über für die Marktbeteiligung relevante Ressourcen einerseits und die Überkreuzung von Mitgliedschaften andererseits (vgl. dazu auch die Analyse von Varshney

2002 der Bedingungen des Ausbruchs gewalttätiger ethnischer Konflikte). Beides läuft dann jedoch auf gewisse Formen der Assimilation hinaus: die (individuelle) strukturelle Assimilation ist die Bedingung für die Gleichverteilung relevanter Ressourcen über die verschiedenen gesellschaftlichen Aggregate und deren Fähigkeit zur Teilnahme an Marktprozessen; und die Auflösung ethnischer Segmentationen (und erst recht: neofeudaler vertikaler Spaltungen) ist die Bedingung für die Überkreuzung der Mitgliedschaften und die Überlappung von Netzwerken alltäglicher Beziehungen. Insofern ethnische Segmentationen oft die Folge von Behinderungen oder Defiziten in der strukturellen Angleichung sind, hängen auch sie stark von Prozessen der (individuellen) strukturellen Assimilation ab.

4. Die Situationslogik der Assimilation

Im Kern aller Vorgänge der Vermeidung von Marginalisierungen, ethnischen Schichtungen, ethnischen Segmentationen und neofeudaler Quasi-Kasten steht damit ohne Zweifel die *strukturelle* Assimilation der Migranten, ihre Inklusion in die zentralen Funktionsbereiche der (Aufnahme-)Gesellschaft, speziell über den Erwerb von Bildungsqualifikationen und die Beteiligung am primären Arbeitsmarkt. Sie ist auch die Voraussetzung für die politisch oft angestrebten – und empirisch eher unwahrscheinlichen – Formen der multiplen Inklusion und der (horizontalen) ethnischen Pluralisierung. Kurz: Die strukturelle Assimilation ist die Voraussetzung für jede „echte" Integration, an der die politische Öffentlichkeit in weiten Teilen ein spezielles Interesse bekundet. Die erfolgreiche strukturelle Assimilation liegt aber auch im Interesse der Migranten selbst. Das soll nun gezeigt werden, aber auch, wie sich die unerwünschten Alternativen dazu, die Marginalisierung, die ethnische Schichtung, die ethnische Segmentation und neofeudale ethnische Quasi-Kasten, als – meist nicht intendierte – Ergebnisse von nicht-assimilativen Reaktionen der Migranten erklären lassen, die damit zu tun haben, dass die für die strukturelle Assimilation nötigen Investitionen oft nicht möglich sind, gelegentlich aber auch nicht konsequent genug verfolgt werden, weil es leicht erscheinende Alternativen dazu gibt.

Die theoretische Grundlage dieser Begründung ist das Modell der soziologischen Erklärung (vgl. dazu ausführlich Esser 1999). Es rekonstruiert, ganz allgemein, bestimmte gesellschaftliche Verhältnisse und Prozesse als aggregierte und oft so nicht geplante, auch sich erst noch über längere Pfade entwickelnde und evtl. zu stabilen Gleichgewichten konvergierende, Ergebnisse eines an den Gegebenheiten einer Situation orientierten Handelns von Akteuren, die für ihr Handeln im Prinzip „gute Gründe" geltend machen können. Der erste Schritt ist die Rekonstruktion der „Logik" der Situation, der die Akteure unterliegen. Jede

Erklärung der Assimilation von Migranten (gegenüber dem Auftreten ihrer Alternativen) muss starke Argumente dafür benennen, dass Migranten ganz unterschiedlicher Herkunft und sozialer Situation ein nachhaltiges *objektives* Interesse an der Angleichung an dem jeweils vorgefundenen oder aufgesuchten Standard haben, wobei dieser Standard nicht unbedingt mit den Institutionen eines Nationalstaates identisch sein muss (wenngleich er es empirisch nach wie vor meist ist). Die Antwort darauf ist das Konzept der sozialen Produktionsfunktion und die schon von Robert K. Merton entwickelte Idee der kulturellen Ziele und der dazu erforderlichen institutionalisierten Mittel. Danach sind im Prinzip *alle* menschlichen Akteure an der Erfüllung von zwei *generellen* Grundbedürfnissen interessiert: physisches Wohlbefinden und soziale Wertschätzung. Diese Bedürfnisse können aber wiederum nur durch bestimmte „Zwischengüter" befriedigt werden. Zwischengüter, die dies für eine *gegebene* soziale Umgebung *unmittelbar* leisten, werden daher auch *primäre* Zwischengüter bzw. (nach Merton) kulturelle Ziele genannt. Für funktional differenzierte (Markt-)Gesellschaften ist dies speziell der ökonomische Wohlstand, in anders verfassten Gesellschaften etwas anderes, wie etwa eine ständische Ehre oder Landbesitz.

Deshalb ist zunächst davon auszugehen, dass *alle* Migranten ein nachhaltiges, weil *gesellschaftlich* strukturiertes, Interesse an der Erreichung dieses Zieles haben (müssten). Warum es gleichwohl zu – auch deutlichen – Unterschieden im Verhalten und gelegentlich sogar zur offensiven Abwehr dieser Orientierung kommt, lässt sich dann auch leicht verständlich machen. Es hat damit zu tun, dass die kulturellen Ziele ihrerseits produziert werden müssen, und zwar unter Einsatz von *indirekten* Zwischengütern. Das sind andere Kapitalien, wie Marktgüter, Humankapital oder die Nutzung von Netzwerken (und immer von Zeit), etwa für die Gründung eines Unternehmens oder für eine Bildungskarriere. Es sind die für den Geltungsbereich der Aufnahmegesellschaft *institutionalisierten* und daher dort auch effizienten Mittel. Die jeweils von den Akteuren *verfügbaren* Kapitalien oder Mittel sind jedoch nicht alle gleich legitim und/oder effizient in der Produktion der letztlich im Aufnahmekontext nur relevanten und deshalb primär interessierenden kulturellen Ziele. Gerade hierin aber unterscheiden sich üblicherweise, wenngleich nicht immer, die Migranten (wenigstens der ersten Generation) und die (Durchschnitts-)Bevölkerung des Aufnahmelandes. Der wichtigste Aspekt dieser Unterschiedlichkeit in der Effizienz ist die Reichweite der Verwendbarkeit des mitgebrachten sog. ethnischen Kapitals, wie etwa die Muttersprache, das ethnische Humankapital an kulturellem und normativem Wissen oder auch die ethnischen Netzwerke und das damit verbundene Sozialkapital: Sein voller Wert ist an die Existenz einer ethnischen Umgebung gebunden. Hinzu treten oft Ineffizienzen aus Einstellungen der sozialen Distanz und Diskriminierungsneigungen in der Aufnahmegesellschaft. Gegeben diese (relativen) Ineffizienzen des ethnischen Kapitals wird es dann (sehr) verständlich, dass sich die ethnischen Gruppen trotz des strukturell untermauerten Interesses an der Verfolgung der kulturellen Ziele der Aufnahmegesellschaft oft in ihrem Verhalten nicht assimilieren: Verglichen mit der Option einer aussichtslos erscheinenden (individuellen) Assimilation werden die abwartende Hinnahme des Status quo, die Investition in eine ethnische Karriere, etwa die Gründung eines ethnischen Unternehmens oder die Pflege eines transnationalen Netzwerkes, oder sogar der Versuch der Änderung der Verfassung der Gesellschaft zugunsten des kontrollierten ethnischen Kapitals zur dann nachvollziehbaren Strategie.

Ändern sich freilich die Umstände oder liegen besondere Bedingungen vor, sind auch andere strukturelle Ergebnisse zu erwarten. Die wichtigste Alternative zu den beschriebenen strukturellen Folgen ist die Assimilation der Folgegenerationen von Migranten, die sich zunächst durchaus segmentiert hatten, weil es dazu keine erträgliche Alternative gab. Dabei wird – mindestens – implizit angenommen, dass sich einige der für das (nicht-assimilative) Verhalten wichtigen Randbedingungen ändern. Speziell wird für die Folgegenerationen angenommen, dass sie hinreichende Gelegenheiten zum „exposure" zu (zentralen) Bereichen der Aufnahmegesellschaft haben, so dass sie dann doch über für die Zielerreichung effiziente(re)s Kapital verfügen, etwa Sprachkenntnisse, und dass die zunächst evtl. bestehenden Distanzen von Seiten der Aufnahmegesellschaft kleiner geworden sind. Insofern diese Bedingungen *nicht* gegeben sind, kann es natürlich auch über die Generationen hinweg keine Assimilation geben. Umgekehrt sind solche ethnischen Gruppen sogar im Vorteil, die bei den wichtigen Randbedingungen evtl. sogar Vorteile gegenüber der einheimischen Bevölkerung bzw. den einheimischen Unterschichten haben: Die kulturelle Hochwertung von Bildung, wie in der jüdischen und in der asiatischen Kultur, und das Funktionieren von sozialen Kontrollen in intakten Familienverbänden, wie ebenfalls dort, legen eine hohe Nachhaltigkeit von Investitionen in Bildung auch gegen alle Widerstände nahe. Und weil die Bildung das in funktional differenzierten Gesellschaften zentralste und effizienteste indirekte Zwischengut mit einer auch außerhalb jedes speziellen nationalen Kontextes hohen Verwertbarkeit ist, verwundert es nicht, dass es unter diesen Umständen sogar zu einer „Über"-Assimilation kommen kann. Nicht selten sind dann – sehr unmoderne – Schließungsversuche von Seiten der einheimischen Bevölkerung die Reaktion darauf.

Die Notwendigkeit der strukturellen Assimilation hat freilich weitere Konsequenzen für die anderen Dimensionen der Sozial-Integration der Migranten. Hier spielen die kulturellen Vorgaben der jeweiligen Aufnahmekontexte eine zwar zunächst nachgelagerte, aber ebenfalls zentrale Rolle. Der Grund: Sowohl die Art der primären Zwischengüter bzw. der kulturellen Ziele wie die Effizienz der indirekten Zwischengüter bzw. der institutionalisierten Mittel und der ein-

setzbaren Kapitalien sind von den jeweils geltenden gesellschaftlichen Verhältnissen und Verfassungen abhängig. Das sind jedoch nach wie vor insbesondere
die institutionellen Vorgaben der jeweiligen Nationalstaaten bzw. der Sub-
Regionen. Dies gilt speziell für das besonders zentrale Kapital der Bildung: Es
ist stets und unvermeidlich auch in recht spezifische kulturelle Vorgaben eingebettet, und sei es nur über die soziale Herkunft des Lehrpersonals und der jeweiligen regionalen oder örtlichen Verhältnisse der Organisation des Bildungssystems. Insofern wird es nicht nur bei den kulturellen Zielen gewisse unumgehbare
strukturell verankerte institutionelle Vorgaben geben, sondern *immer* auch *kulturelle* Umstände, die die Chancen und Bereitschaften steuern, in die jeweils relevanten Kapitalien tatsächlich und nachhaltig zu investieren und damit Erfolg zu
haben. Mit der Folge entweder einer individuellen wie dann auch gesellschaftlichen Assimilation oder einer der dann zu erwartenden Alternativen dazu: ethnische
Schichtung, ethnische Segmentation, ethnischer (Neo-)Feudalismus, ethnische
Konflikte.

5.   Die Interaktion von ethnischer Segmentation und ethnischer Ungleichheit: Das Beispiel der ethnischen Mobilitätsfalle

Die Investition in eine bessere Bildung ist der prototypische Fall der individuellen strukturellen Assimilation und gleichzeitig die wohl wichtigste Bedingung
für die Inklusion in die zentralen Bereiche einer funktional differenzierten Aufnahmegesellschaft, wie die in deren primären Arbeitsmarkt. Die Alternative wäre
die Entstehung (und Vererbung) einer systematischen ethnischen Schichtung als
der vertikalen Variante der ethnischen Ungleichheit. Die Investition in ein ethnisches Unternehmen ist der prototypische Fall für die Entstehung einer ethnischen
Differenzierung, etwa zunächst die einer ethnischen Nischenökonomie, an die
sich dann die Etablierung und institutionelle Vervollständigung einer ethnischen
Gemeinde anschließen kann. Die entsprechende Investition muss keineswegs das
Ziel der Etablierung einer ethnischen Segmentation haben. Häufig ist es nichts
weiter als eine zur Assimilation alternative Strategie zur Erreichung just der
kulturellen Ziele des Aufnahmelandes (bzw. der Sicherung der individuellen
Existenz insgesamt), die deshalb gewählt wird, weil die assimilative Investition
oder das passive Abwarten als weniger erfolgversprechend erscheinen. Die Attraktivität einer solchen ethnischen Investition besteht für (bestimmte!) Angehörige
einer ethnischen Gruppe darin, dass zwar der über eine assimilative Investition
erzielbare Gewinn höher wäre als der bei einer Investition in ein ethnisches Unternehmen, gleichzeitig aber die sonstigen Investitionsbedingungen (unter bestimmten Bedingungen!) deutlich für die ethnische Option sprechen. Durch die

Ausbeutung ethnischer Solidaritäten (und Notlagen) sind z.b. die Produktionskosten ethnischer Unternehmen deutlich geringer, und Kosten zur Überwindung sozialer Distanzen von Seiten der Aufnahmegesellschaft fallen nicht an. Das gilt besonders dann, wenn die ethnische Gruppe schon größer ist und so die Marktchancen für die ethnischen Produkte steigen. Räumliche Segregationen und ethnische Netzwerke begünstigen das Erreichen solcher kritischer Massen. Ethnisches Sozialkapital, speziell in der Form von Vertrauens- und Informationsbeziehungen, erhöht fernerhin die Erfolgschancen auf Seiten des individuellen Unternehmers, ebenso wie gewisse Erfahrungen mit dem betreffenden Geschäft und – ganz allgemein – die Ausstattung mit generalisierbarem Kapital, wie Bildung, Finanzmittel und Geschäftserfahrungen. Eine einmal geschaffene ethnische Infrastruktur senkt die Kosten für weitere ethnische Investitionen weiter und erhöht deren Erfolgsaussichten sowie den Wert des erzielbaren Ertrags. Der so eingeleitete und evtl. kumulativ verstärkte Ausbau institutionell vollständiger ethnischer Gemeinden *erhöht* damit allgemein den Wert der ethnischen Option, speziell aber auch den einer nicht-investiven Hinnahme der jeweiligen situationalen Gegebenheiten der individuellen Segmentation von den Kernbereichen der Aufnahmegesellschaft. Daraus aber ergibt sich eine wichtige Verbindung zwischen der Entstehung ethnischer Differenzierungen und der, auch dauerhaften, Verfestigung einer *vertikalen* ethnischen Ungleichheit.

Dazu seien die Umstände des betreffenden (investiven) Handelns etwas genauer betrachtet. Es geht bei der strukturellen Assimilation, etwa bei einer Bildungsentscheidung, um die Wahl zwischen einer abwartenden Option mit einem *sicheren* Ertrag und einer – mehr oder weniger – *riskanten* und mit Kosten belasteten Investition. Die Optionen seien als „niv" und „inv" bezeichnet, wobei „niv" der (abwartende) Verzicht auf eine aktive Investition und „inv" der Schritt in eine riskante investive Aktivität ist. Die EU-Gewichte für diese Entscheidung können dann so bestimmt werden:

(1a) EU(niv) = U(squ)
(1b) EU(inv) = pU(inv) + (1–p)U(squ) – C.

Dabei bezeichnen U(squ) den (sicher) zu erwartenden Ertrag der Beibehaltung des Status quo ohne Investition und U(inv) den Ertrag bei Erfolg der Investition. Die (subjektive) Wahrscheinlichkeit des Erfolgs ist p, und C sind die (sicheren) Investitionskosten. Ist die Investition nicht erfolgreich (mit der Wahrscheinlichkeit von (1-p), dann kann immer noch mit der Status-quo-Auszahlung gerechnet werden. Für den Übergang von der „niv"- in die „inv"-Option gibt es dann die folgende Bedingung:

(2) U(inv) – U(squ) > C/p.

Der Ausdruck links ist das Investitionsmotiv, der rechts das Investitionsrisiko. Wichtig ist für die Überwindung des Investitionsrisikos insbesondere die Erfolgserwartung p: Mit ihrer Verringerung steigt die Übergangsschwelle *über*proportional an, und wenn sie gegen null geht, können auch extrem hohe Investitionsanreize nichts bewirken. In Abbildung 1 sind diese Beziehungen zwischen dem Investitionsmotiv (vertikale Achse), unterschiedlichen Graden der Erfolgserwartung (horizontale Achse) und diesem kurvlinearen Verlauf der Übergangsschwelle graphisch dargestellt. Damit es zur Investition kommt, muss das Investitionsmotiv U(inv) – U(squ) das Investitionsrisiko C/p überschreiten. In allen Konstellationen *unterhalb* der jeweiligen C/p-Kurve kommt es daher *nicht* zur Investition. Die Punkte 1 bis 3 beschreiben daher typische Konstellationen von Situationen unterschiedlicher Grade des Investitionsmotivs (mit zwei Stufen: IM- und IM+) und der Erfolgserwartung (mit zwei Stufen: p- und p+), sowie mit C als den (konstanten) Investitionskosten.

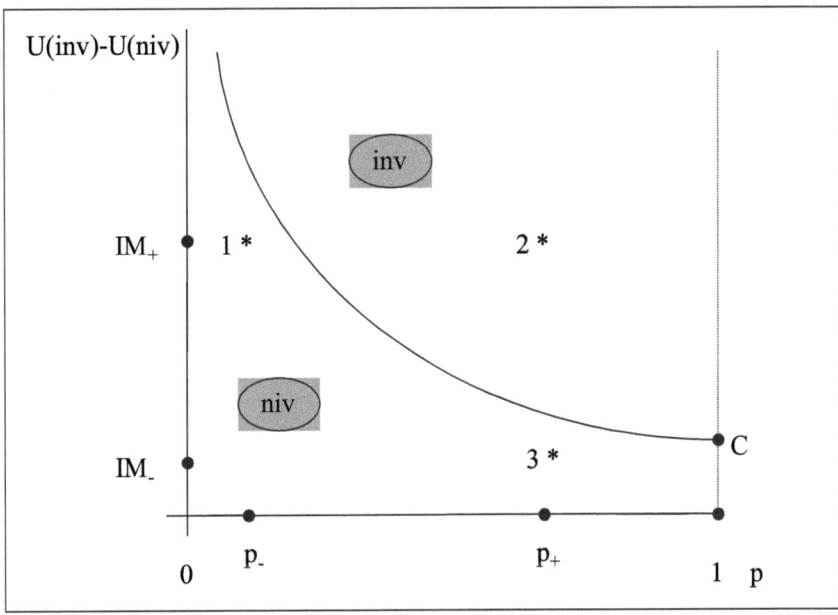

Abbildung 1:   Die Logik der ethnischen Mobilitätsfalle

Wir gehen von der (optimistischen!) Annahme aus, dass die möglichen Erträge einer erfolgreichen Bildungsinvestition mit U(inv) für alle gleich hoch seien. Die erste Generation sieht sich den üblichen geringen Erfolgschancen (p-) gegenüber, und es kommt trotz der relativ hohen Auszahlung für die Investition nicht dazu (Konstellation 1). Für die Folgegeneration habe sich aber, etwa aufgrund des schon stärkeren Kontaktes zur Aufnahmegesellschaft, die Erfolgserwartung auf p+ erhöht. Alles andere gleich bleibend würde damit nun die Investitionsschwelle, anders noch als bei den Eltern, überschritten (Konstellation 2) und es zur strukturellen Assimilation kommen. Mit dem inzwischen – besonders etwa durch Nachwanderungen, Segregationen und weiterer ethnischen Investitionen – induzierten Ausbau der ethnischen Gemeinde steigt aber der Wert der nicht-investiven Option U(niv) an. Entsprechend *sinkt* nun für die Folgegenerationen das Investitionsmotiv U(inv)-U(niv), nun etwa auf IM- (Konstellation 3). Damit aber kommt es auch unter den deutlich verbesserten Erfolgschancen und auch bei nur geringen kulturellen oder sozialen Distanzen bei der Folgegeneration *nicht* zu einer Investition in das eigentlich relevante assimilative Kapital – mit allen indirekten und auch unintendierten Folgen der Immobilität und der festen Etablierung vertikaler ethnischer Ungleichheiten und ethnischer Differenzierungen, einschließlich der Form des ethnischen (Neo-)Feudalismus mit allen daran hängenden Folgen für die ethnische Spaltung einer Gesellschaft. Das geschilderte Phänomen ist von Norbert F. Wiley als „ethnic mobility trap" bezeichnet worden (Wiley 1970). Die Falle besteht in der Erhöhung der Attraktivität für eine sichere gegenüber einer zwar riskanteren, aber bei Erfolg auch deutlich ertragreichere Alternative, sowie darin, dass die einmal getroffene Entscheidung kaum mehr revidiert werden kann.

Die Entstehung vertikaler ethnischer Differenzierungen und Ungleichheiten muss freilich keine zwangsläufige Folge derartiger ethnischer Investitionen sein. Das über die Erträge der ethnischen Investitionen auch erreichbare *generalisierte* Kapital, wie Einkommen und Vermögen, verbessert die Bedingungen für die (noch) ertragreicheren Investitionen in assimilatives Kapital, speziell dann für die Folgegenerationen, die durchaus die Fallen der ethnischen Segmentation für sie selbst erkennen (können). Deren Rückzug aus den ethnischen Unternehmungen und ihre Absorption in die Aufnahmegesellschaft kann dann selbst wieder Prozesse der Auflösung der ethnischen Differenzierungen nach sich ziehen, auch in der Form von kumulativen Kettenabsorptionen, weil nun die Attraktivität der ethnischen Option für die in der ethnischen Gemeinde Verbliebenen sinkt. Solche, auch kumulativen, Prozesse der intergenerationalen Auflösung ethnischer Segmentationen und daran anschließend auch (deutlicher) ethnischer Ungleichheiten sind umso eher zu erwarten, je attraktiver die assimilativen kulturellen Ziele und je effektiver die assimilativen Mittel und Kapitalien dazu sind.

6. Perspektiven

Der Ausgangspunkt des Beitrages waren einige ältere und aktuellere Auseinandersetzungen zwischen verschiedenen Konzepten der intergenerationalen Integration, speziell die zwischen der (klassischen) Assimilationstheorie und verschiedenen Varianten der Kritik daran, wie die diversen multikulturalistischen, differentialistischen oder pluralistischen Ansätze, das Konzept der „segmented assimilation" oder die aktuellen Ansätze des Transnationalismus als (vorgeblich) ganz neue Alternative. Vor dem skizzierten konzeptionellen und theoretischen Hintergrund (vgl. ausführlicher dazu Esser 2003) lässt sich, so meinen wir, nun durchaus etwas sowohl zur Bewertung der verschiedenen Alternativen wie zur theoretischen Kontroverse über „decline" oder „return" des Konzeptes der Assimilation, zur Reichweite der (klassischen) Assimilationstheorie und damit durchaus auch zur normativen Frage einer angemessenen Migrations- und Integrationspolitik sagen. Diese Bewertung wurde oben an verschiedenen Stellen bereits im Zusammenhang der zentralen Konzepte – Sozial-Integration, ethnische Ungleichheit und ethnische Differenzierung, System-Integration – vorgenommen, und zwar speziell mit Blick auf die Konstruktionsprinzipien der funktional differenzierten Gesellschaften.

Vor diesem Hintergrund erwies sich die *strukturelle* Assimilation als die *zentrale* (notwendige, wenngleich nicht hinreichende) Bedingung sowohl einer nachhaltigen Sozial-Integration der Migranten, wie darüber dann, zur Vermeidung der letztlich unerwünschten Alternativen, wie die (dauerhafte) ethnische Schichtung, die ethnische Segmentation, der ethnische (Neo-)Feudalismus oder die Sozial-Desintegration der Gesellschaft über ethnische Spaltungen und Konflikte. Das trifft, so sei noch einmal betont, ganz besonders auf den Fall der modernen, funktional differenzierten Gesellschaften zu, die zu den Zielen gerade der internationalen Migration vor allem gehören. Ethnische Ungleichheiten sind, bis auf den wichtigen und in der Tat äußerst produktiven Fall der *horizontalen* ethnischen Pluralisierung in kulturelle Lebensstile, ebenso wie die ethnischen Segmentationen und speziell der ethnische (Neo-)Feudalismus mit den Konstruktionsprinzipien dieses Gesellschaftstyps *nicht* vereinbar. Die Auflösung dieser sozialen Strukturen ist – als gesellschaftliche Assimilation – eng mit der *strukturellen* (individuellen) Assimilation verbunden. Sie ist gleichzeitig der zentrale und unersetzbare Kern jeder nachhaltigen Sozialintegration der individuellen Migranten *und* der System-Integration des ganzen gesellschaftlichen Zusammenhangs. Insofern auch andere Aspekte der individuellen Assimilation davon betroffen sind, wie die Struktur der sozialen Beziehungen oder die Beibehaltung oder Änderung bestimmter kultureller Eigenheiten, gilt das entsprechend.

Es gibt, so gesehen, zur individuellen strukturellen Assimilation als Modell der intergenerationalen Integration *keine* (vernünftige) Alternative.

Literatur

Alba, R. D./Nee, V. (1999): Rethinking Assimilation Theory for a New Era of Immigration. In: Hirschman, C./Kasinitz, P./DeWind, J. (Eds.): The Handbook of International Migration. The American Experience. New York: Russell Sage Foundation, 135-160.

Bean, F. D./Stevens, G. (2003): Linguistic Incorporation Among Immigrants. In: Bean, F. D./Stevens, G.: America's Newcomers and the Dynamics of Diversity. New York: Russell Sage Foundation, 143-171.

Berreman, G. D. (1960): Caste in India and the United States. In: American Journal of Sociology, 64, 120-127.

Berry, J. W. (1990): Psychology of Acculturation. Understanding Individuals Moving Between Cultures. In: Brislin, R. W. (Ed.): Applied Cross-Cultural Psychology. Newbury Park: Sage, 232-253.

Esser, H. (1999): Soziologie. Allgemeine Grundlagen (3. Aufl.). Frankfurt/M. und New York: Campus.

Esser, H. (2000): Soziologie. Spezielle Grundlagen, Band 2: Die Konstruktion der Gesellschaft. Frankfurt/M. und New York: Campus.

Esser, H. (2003): Does the „New" Immigration Require a „New" Theory of Intergenerational Integration? Manuscript presented at the Conference on „Conceptual and Methodological Developments in the Study of International Migration", Princeton, NJ, May, 23-24.

Faist, Th. (2000): The Volume and Dynamics of International Migration and Transnational Spaces. Oxford: Clarendon Press.

Massey, D. S./Arango, J./Hugo, G./Kouaouci, A./Pellegrino, A./Taylor J. E. (1998): New Migrations, New Theories. In: Massey, D. S. et al. (Eds.): Worlds in Motion. Understanding International Migration at the End of the Millennium. Oxford: Clarendon Press, 1-16.

Portes, A. (1999): Immigration Theory for a New Century: Some Problems and Opportunities. In: Hirschman, C./Kasinitz, P./DeWind, J. (Eds.): The Handbook of International Migration. The American Experience. New York: Russell Sage Foundation, 21-33.

Portes, A./Schauffler, R. (1996): Language and the Second Generation: Bilingualism Yesterday and Today. In: Portes, A. (Ed.): The New Second Generation. New York: Russell Sage Foundation, 8-29.

Pries, L. (Ed.) (2001): New Transnational Social Spaces. International Migration and Transnational Companies. London: Routledge.

Rumbaut, R. G. (1999): Assimilation and its Discontents: Ironies and Paradoxes. In: Hirschman, C./Kasinitz, P./DeWind, J. (Eds.): The Handbook of International Migration. The American Experience. New York: Russell Sage Foundation, 172-195.

Varshney, A. (2002): Ethnic Conflict and Civic Life. Hindus and Muslims in India. New Haven und London: Yale University Press.

Wiley, N. F. (1970): The Ethnic Mobility Trap and Stratification Theory. In: Rose, P. I. (Ed.): The Study of Society. An Integrated Anthology (2. Aufl.). New York und Toronto: Random House, 397-408.

Zhou, M. (1999): Segmented Assimilation: Issues, Controversies, and Recent Research on the New Second Generation. In: Hirschman, C./Kasinitz, P./DeWind, J. (Eds.): The Handbook of International Migration. The American Experience. New York: Russell Sage Foundation, 196-212.

Traditionelle Geschlechterrollen und Problemverhalten im Leben Jugendlicher in Berlin

Traditional Gender Role Orientation and Problem Behavior in Adolescence

Angela Ittel, Poldi Kuhl, Markus Hess

Zusammenfassung: Männliche Jugendliche zeigen höhere Ausprägungen in Problemverhalten und Delinquenz als weibliche Jugendliche. Dieser Befund ist durch zahlreiche Studien belegt. In diesem Beitrag wird ein sozialisatorischer Ansatz zur Erklärung der geschlechtsspezifischen Ansätze vorgestellt. Annahme ist, dass sich die Differenz im Problemverhalten zwischen Jungen und Mädchen über die Transmission und Zustimmung von Dominanzideologien in der Familie erklären lässt. Ergebnisse bestätigen diese Annahme und stellen geschlechterspezifische Prozesse der Transmission und der Entstehung des „gender gap" in der Delinquenzbeteiligung dar.

Abstract: Male adolescents show higher rates of problem behaviour and delinquency than female adolescents. This result has been confirmed by many previous studies. In this chapter we introduce a socializational model to explain these differences in engagement in problem behaviour. It was assumed that the gender gap in problem behaviour and delinquency might be explained by the transmission and adherence to dominance ideologies within families. Our results confirm this assumption and illustrate gender specific pathways in the participation of delinquency and problem behaviour.

Gender demands attention in the search for the origin of crime.

(Heidensohn 1985)

Der „gender gap" in Problemverhalten und Delinquenz, also das Phänomen, dass männliche Jugendliche höhere Ausprägungen in Problemverhalten und Delinquenz zeigen als weibliche Jugendliche, wird in zahlreichen Untersuchungen bestätigt. Neben biologischen Erklärungsansätzen zum „gender gap" (Stoff/Susman 2005) gibt es eine Reihe von Modellen, die sozialisatorischen Bedingungen im sozialen Umfeld der Jugendlichen eine entscheidende Bedeutung bei der Erklärung der Differenz zwischen weiblichem und männlichem Problemverhalten zusprechen. Auch wenn wir insgesamt davon ausgehen, dass sich die Entwicklung von Problemverhalten in der Adoleszenz durch ein Wechselspiel aus biologischen, kognitiven, psychosozialen und soziokulturellen Faktoren kennzeichnen lässt (Lerner/Galambos 1998), konzentrieren wir uns in diesem Betrag

– den Zielen unserer Arbeit entsprechend – auf die Rolle kontextueller Faktoren beim Zustandekommen des „gender gap" im Problemverhalten.

Das theoretische Modell, das unseren Arbeiten zu Grunde liegt, ist die Power-Control-Theorie von John Hagan und Kollegen (z.B. Hagan/Gillis/Simpson 1987). Diese Theorie beschreibt geschlechtsspezifische Erziehungspraktiken in Familien als eine ganz wesentliche Ursache für Geschlechtsunterschiede in der Delinquenzbeteiligung. Geschlechtsspezifische Erziehungspraktiken wiederum werden, so Hagan und Kollegen, durch die Gestaltung und Bewältigung von Arbeits- und Lebensstrukturen („hierarchisch-patriarchalischen"), Erwerbsarbeitsbeteiligung und den mit dieser Ausgestaltung einhergehenden Ideologien begünstigt (vgl. hierzu Morash/Chesney-Lind 1991). So agiert das soziale Gefüge Familie in Anlehnung an Horkheimer (1936) nicht unabhängig von den in der Gesellschaft vorhandenen Funktionszusammenhängen, sondern reproduziert (sowohl bewusst als auch unbewusst) autoritäres Verhalten und autoritäre Verhältnisse zum Zwecke der Stabilisierung gesellschaftlicher Ordnung. Unsere bisherigen Arbeiten mit gegengeschlechtlichen Geschwisterpaaren und Eltern konnte den Zusammenhang zwischen geschlechtsspezifischen elterlichen Erziehungspraktiken und Geschlechterdifferenzen in der Delinquenzbeteiligung überzeugend belegen, erbrachte jedoch hinsichtlich der Bedeutung von Dominanzideologien und traditioneller Erwerbsarbeitsbeteiligung uneindeutige Resultate. In diesem Beitrag möchten wir einen Überblick über unsere bisherigen Arbeiten zu diesem Thema geben und nach einer Schilderung des Forschungsstands das methodische Vorgehen der Untersuchung darlegen, einige wichtige Ergebnisse darstellen und schließlich einen Ausblick auf mögliche Folgeuntersuchungen entwerfen.

1. Forschungsstand – der „gender gap"

Geschlechtsunterschiede in Delinquenz und Problemverhalten werden anhand von polizeilichen Kriminalstatistiken (Polizeiliche Kriminalstatistik 2004), von Selbstberichtsstudien zum eigenen Problemverhalten (z.B. Alsaker/Bütikofer 2005; Trautwein/Köller/Baumert 2004; Sessar 1997; Sturzbecher/Hess/Them 2002) und von Studien zu Problemeinstellungen, z.B. hinsichtlich des Ethnozentrismus (Ekehammar/Akrami/Araya 2003; Birsl 1994; Heitmeyer 1989; Oesterreich 1993; Rippl/Boehnke 1995; Rippl/Boehnke/Hefler/Hagan 1998; Rippl/Seipel 1999) vielfach belegt. Trotz einer zunehmenden Beachtung des Anstiegs weiblicher Beteiligung an delinquenten oder problematischen Verhaltensweisen und Einstellungen (Rommelspacher 1995; Decker/Brähler 2005) schließt sich der ‚gender gap" in Delinquenz und Problemverhalten bei Weitem nicht. Die Argumentationen von Chesney-Lind (2004) und Steffensmeier, Schwartz, Zhong und Ackerman (2005) legen aber nahe, dass sich das Phänomen des „gender gap" in den letzten Jahrzehnten nicht signifikant verändert hat, sondern dass lediglich von einer veränderten gesellschaftlichen Sicht auf delinquentes Verhalten auszugehen ist. Nach wie vor ist der prozentuale Anteil der Jungen nicht nur bei schweren delinquenten Vergehen, sondern auch bei abweichendem Verhalten und auch bezüglich problematischer Einstellungen größer als der Anteil der beteiligten Mädchen.

Die überaus einheitlichen, sowohl für Deutschland als auch für viele andere Kulturen, vorliegenden Befunde zur geschlechtsspezifischen Entwicklung von Delinquenz (s. auch Mears/Ploeger/Warr 1998, Rhee/Waldman 2002) scheinen zunächst auf eine anthropologische Konstante hinzuweisen und (sozio-)biologistische Deutungen nahe zu legen, die den „gender gap" begründen können. Es wird davon ausgegangen, dass ein geschlechterspezifisches biologisches Profil und genetische Veranlagung mit der Neigung zu problematischen Verhaltensweisen im Zusammenhang steht (vgl. hierzu Moffit 1993; Nottelmann/Susman/Inhoff-Germain/Cutler/Loriaux/Chrousos 1996). Auch überzeugende Arbeiten, wie die von Eagly und Steffen (1986), veränderten diese Wahrnehmung der Ursachen für geschlechtsspezifische Differenzen in der Ausprägung von Problemverhalten und Delinquenz nicht. In ihrer Metaanalyse konnten die Autoren bereits vor fast 20 Jahren zeigen, dass geschlechtsspezifische Ausprägungen in Problemverhalten nicht so sehr in Zusammenhang mit dem biologischen Geschlecht, sondern vielmehr mit Faktoren wie z.B. der wahrgenommenen Konsequenz von Problemverhalten und vor allem erlernten Verhaltensnormen im Zusammenhang stehen. Erst neuere Metaanalysen verhaltensgenetischer Studien haben erneut darauf aufmerksam gemacht, dass antisoziales oder delinquentes Verhalten heranwachsender Jungen und Mädchen entweder in ähnlichem Ausmaß von genetischen bzw. biologischen Faktoren und von umweltbedingten Einflussfaktoren bestimmt wird (Rhee/Waldman 2002) oder dass ungünstige soziale Faktoren sogar einen größeren Einfluss auf die Entwicklung von Problemverhaltensweisen ausüben als genetische Variablen.

Ein kontextualistischer Erklärungsansatz des „gender gap", wie wir ihn in unseren Arbeiten vertreten, befasst sich kritisch mit der geschlechtstypischen Bedeutung und Ausprägung problematischer Verhaltensweisen (z.B. Cramer 1979). Viele Studien belegen zum Beispiel, dass sich Mädchen und Jungen nicht in der Häufigkeit, sondern in der Art ihrer problematischen Verhaltensweisen unterscheiden. Jungen entwickeln eher problematische Verhaltensweisen, die nach außen gerichtet sind – also ihre äußere Umwelt schädigen –, während sich die problematischen Verhaltensweisen von Mädchen eher nach innen – also gegen die eigene Person – richten. Die nach außen gerichteten Verhaltensweisen,

wie Aggression oder auch Delinquenz, werden als *externalisierende* Problemverhaltensweisen bezeichnet, die nach innen gerichteten Verhaltensweisen, welche somatische Probleme (Kopfschmerzen, Müdigkeit, Essstörungen), depressive
Verstimmungen und autoaggressive Verhaltensweisen (Leadbeater/Blatt/Quinlan
1995) umfassen, werden als *internalisierende* Formen bezeichnet. Ein Ausgangspunkt des wahrgenommen „gender gap" in problematischen Verhaltensweisen mag also sein, dass der Fokus des öffentlichen Interesses auf einigen
wenigen nach außen hin sichtbaren – meist typisch männlichen – Formen problematischen Verhaltens liegt und dabei häufig die nach innen gerichteten, weniger sichtbaren und als typisch weiblich geltenden, Formen des Problemverhaltens ignoriert werden.

1.1 Soziale Bedingungsgefüge von geschlechterspezifischem Problemverhalten

In unserer Arbeit geht es uns nicht nur darum, die geschlechtsspezifische Häufigkeit und Ausprägung von problematischen Verhaltensweisen zu untersuchen,
sondern vorwiegend darum, ein Bedingungsgefüge sozialer Kontexte für die
beobachtete geschlechtsspezifische Ausprägung darzustellen. So wird zum Beispiel die Bedeutung der Freundesgruppe in der Beteiligung an delinquentem
Verhalten im Jugendalter ausführlich in den Arbeiten von Dishion, McCord und
Poulin (1999), Hartup (1999), Moffit (1993) oder Snyder, Dishion und Patterson
(1986) dargestellt. Eine Reihe von Forschern betont die anhaltende Bedeutung
der Familie für diese Altersgruppe und mahnt eine verstärkte Berücksichtigung
innerfamilialer Prozesse zum Verständnis jugendlicher Entwicklungsprozesse an
(z.B. Coie/Dodge 1998; Dornbusch 1989; Lerner/Galambos 1998; Marjoribanks
1987; Mounts 2002; Smetana/Campione-Barr/Metzger 2006). Svensson (2003)
stellt zum Beispiel einen signifikanten Zusammenhang zwischen elterlichem
Monitoring und Substanzmissbrauch fest. Er geht davon aus, dass weibliche
Personen deshalb seltener delinquent sind als Jungen, weil sie in stärkerem Maße
der elterlichen Kontrolle ausgesetzt sind. Dieses Ergebnis untermauert empirisch
die unseren Arbeiten zugrunde liegende Power-Control-Theorie von Hagan und
Kollegen (Hagen/Gillis/Simpson 1979, 1987), in der davon ausgegangen wird,
dass hierarchische Strukturen am Arbeitsplatz der Eltern in die Familie transferiert werden und sich dort geschlechtsspezifisch auf das Erziehungsverhalten
auswirken. Das bedeutet, dass Väter, die eine eher kontrollausübende Position
am Arbeitsplatz innehaben, auch innerhalb der Familie dazu tendieren, kontrol-
lierend zu agieren. Es wird weiterhin postuliert, dass sich in Abhängigkeit der
Patriarchalität des Haushaltes das Kontrollverhalten der Eltern in Bezug auf ihre
Söhne und Töchter unterscheidet, wobei in patriarchalisch orientierten Eltern-

häusern Söhnen mehr Freiräume eingeräumt werden und Töchter in stärkerem Maße kontrolliert werden als in egalitär orientierten Familien. Diese unterschiedlichen Handlungsspielräume und Möglichkeiten der eigenmächtigen Freizeitgestaltung der männlichen Jugendlichen führen nach Hagan und Kollegen zu einer geschlechtsspezifischen Beteiligung an problematischen Verhaltensweisen und Delinquenz. Um die Annahmen der Power-Control-Theorie zu überprüfen, untersuchen wir anhand einer Befragung mit gegengeschlechtlichen Geschwisterkindern, ob sich – bedingt durch geschlechterspezifische innerfamiliale elterliche Verhaltensweisen – Jungen und Mädchen innerhalb einer Familie im Ausmaß des problematischen Verhaltens unterscheiden.

1.2 Dominanzideologien und Problemverhalten

Aufgrund von Beobachtungen, die darauf hinweisen, dass – entgegen der Annahmen der ursprünglichen Überlegungen von Hagan und Kollegen – trotz einer zunehmenden Entpatriarchalisierung gesellschaftlicher (Erwerbs-)Strukturen nach wie vor Geschlechtsunterschiede in delinquenten Verhaltensweisen zu beobachten sind, wurde die Forderung eingebracht, neben den tatsächlichen Erwerbsstrukturen auch den Einfluss der individuellen Zustimmung zu patriarchalischen Ideologien im Modell der Power-Control-Theorie zu berücksichtigen. Die Sozialpsychologie führt seit langem die Diskussion über die Zusammenhänge zwischen Einstellungen (z.B. Fremdenfeindlichkeit) und Verhalten (z.B. rechtsextremer Gewalt). Es wurde bereits mehrfach nachgewiesen, dass fremdenfeindliche Gewalthandlungen auf einer generellen attitudinalen „Gewaltaffinität", also der Zustimmung zu Ideologien beruhen, die die hierarchische Machtstellung einer Person oder einer sozialen Gruppe über eine andere befürworten (Neumann 2001). Um diese Zusammenhänge zwischen Dominanz bejahenden Ideologien und problematischen Verhaltensweisen überprüfen zu können, fanden in unseren Arbeiten insbesondere zwei Arten individueller Dominanzideologien Berücksichtigung, nämlich einerseits die traditionellen Geschlechterrollenorientierungen (GRO) und andererseits das hierarchische Selbstinteresse (HSI). Das HSI umfasst vier Komponenten, die eine individuelle „Ellenbogenmentalität" darstellen, nämlich eine hohe Ausprägung in Egozentrismus, Leistungsorientierung, Konkurrenzdenken und Individualismus (siehe auch Hadjar/Baier/Boehnke 2003). Die traditionelle Geschlechterrollenorientierung spiegelt hingegen die implizite Auffassung wider, dass Männer einen höheren gesellschaftlichen sozialen Status innehaben als Frauen. Dabei geht es dezidiert um eine positive Wertung der Machtstrukturen zwischen Männern und Frauen und um ein Bemühen, diese hierarchischen Strukturen aufrechtzuerhalten. Zum einen können durch die zusätzliche Berücksichtigung von individuellen Ideologien in dem Modell der Power-Control-Theorie innerfamiliale Transmissionsprozesse besser nachgezeichnet werden und zum anderen Verknüpfungen zwischen individuellen Ideologien und der Geschlechtsspezifität delinquenten Verhaltens aufgezeigt werden.

1.2.1 Innerfamiliale Transmission

Zur Transmission des hierarchischen Selbstinteresses (Individualismus, Konkurrenzdenken, Egozentrismus und Leistungsorientierung) gibt es aufgrund der erst kürzlich erfolgten Erarbeitung dieses Konstruktes bislang nur wenige Studien.[1] Bezüglich der Transmission von Geschlechterrollenorientierungen, auf deren Auswirkungen wir in diesem Beitrag näher eingehen werden, ergibt sich in der Literatur ein relativ konsistentes Bild: Eltern und ihre Kinder sind sich bezüglich ihrer Einstellungen zu Geschlechterrollen sehr ähnlich. Kulik (2002) untersuchte die Zusammenhänge zwischen Eltern und ihren Kindern hinsichtlich der Geschlechterrollenorientierung (GRO) und für alle innerfamilialen Dyaden bedeutsame positive Korrelationen (Starrels 1992; Thornton/Alwin/Camburn 1983; Bohannon/White Blanton 1999). Moen, Erickson und Dempster-McClain (1997) befragten Mütter zu zwei Messzeitpunkten, nämlich 1956 und 1986, und deren Töchter einmal, nämlich 1988, zu ihren Geschlechterrollenorientierungen. Wie bereits in den vorangegangenen Studien zeigte sich, dass Töchter den Müttern hinsichtlich der GRO signifikant ähnelten. Auch aus der jüngeren Metaanalyse zur Transmission von Geschlechterrollen von Tenenbaum und Leaper (2002) wird ersichtlich, dass die Kinder von Eltern mit traditionellen Einstellungen zu Geschlechterrollen ebenfalls eher geschlechtstypische Vorstellungen aufweisen als die Kinder von Eltern mit nicht-traditionellen Vorstellungen zum Geschlechterverhältnis. Die vorliegende Studie hatte nun einerseits zum Ziel, am Beispiel der traditionellen Geschlechterrollen die innerfamiliale Transmission individueller Dominanzideologien aufzuzeigen und sollte andererseits belegen, dass die Erweiterung der Power-Control-Theorie durch die Aufnahme individueller Dominanzideologien dazu beiträgt, die Geschlechtsspezifik jugendlichen Problemverhaltens besser erklären zu können.

---

[1] Baier und Hadjar (2004) untersuchten mit den Daten des ersten Messzeitpunktes unserer Arbeiten die intergenerationale Transmission von Leistungsorientierung, welche eine der Säulen des HSI darstellt. Ihre Ergebnisse sprechen deutlich dafür, dass Leistungsorientierung von den Eltern auf ihre Kinder weitergegeben wird.

1.2.2 Erklärungsansätze innerfamilialer Transmission

Neben der bloßen Ähnlichkeit zwischen Eltern und Kindern in ihren Einstellungen sind die Prozesse, die die erfolgreiche Transmission zwischen Eltern und Kindern bedingen, von Interesse. Dabei wird dem elterlichen Erziehungsverhalten eine bedeutsame Rolle bei der Weitergabe von Wertvorstellungen, Einstellungen und Verhalten zugesprochen. Schönpflug (2001) konnte zeigen, dass das Ausmaß der Wertetransmission unabhängig vom sozialen Kontext dort am größten ist, wo die Vater-Sohn-Beziehung durch einen emphatischen und wenig rigiden Erziehungsstil geprägt ist. In Bezug auf moralische Werte stellt White (2002) fest, dass Jugendliche, die in Familien mit starkem Zusammenhalt, einem positiven Kommunikationsstil und einem hohen Ausmaß an emotionaler Nähe aufwachsen, ihr moralisches Urteilen eher an dem der Eltern ausrichten als Jugendliche, die in negativem Familienklima aufwachsen. In Bezug auf die Transmission von Geschlechterrollen wird häufig der besondere Einfluss der Mutter betont. Die Ergebnisse einer Studie von Ex und Janssens (1998) zeigen, dass eine konformistische Erziehung der Mütter zu traditionelleren GRO bei den Töchtern führt. Wolfer und Moen (1996) sind insbesondere hinsichtlich der Transmission der GRO der Ansicht, dass Mütter, die erwerbstätig sind, eine Vorbildfunktion für ihre Kinder ausüben. Wie in vielen anderen Studien befragen allerdings auch Ex und Janssens nur die Mutter-Kind-Dyade, was einen Vergleich zu Transmissionsprozessen innerhalb von anderen Dyaden ausschließt. Dabei erscheint es gerade in Bezug auf die Geschlechterrollensozialisationen sinnvoll, die Geschlechtsspezifität der Transmissionsprozesse, etwa der Erziehungsverhaltensweisen, zu berücksichtigen. So ergab eine Metaanalyse anhand von 172 Studien zu geschlechtsspezifischer Erziehung in Familien (Lytton/Romney 1991), dass einer der wenigen Erziehungsbereiche, die eine bedeutsame Geschlechtsspezifität aufzeigten, die Anregung zu geschlechtsspezifischen, also rollenkonformen, Aktivitäten sei. Im Rahmen der vorliegenden Studie wurde erwartet, dass geschlechterspezifische Erziehungsverhaltensweisen einen Einfluss auf innerfamiliale Transmissionsprozesse von Dominanzideologien und die Neigung zu Risiko- und Problemverhalten ausüben.

1.2.3 Außerfamiliale Einflüsse auf innerfamiliale Sozialisation

Auch auf der makrosozialisatorischen Ebene, also der Ebene der außerfamilialen Sozialisationsbedingungen (Bronnfennbrenner 1979), lassen sich strukturelle und ideologische Faktoren abbilden, die den „gender gap" in Problemverhalten und Delinquenz beeinträchtigen (z.B. Kohn 1969, 1981; Bertram 1981). Im Sinne der modifizierten Power-Control-Theorie berücksichtigen wir als außerfamiliale Faktoren nicht nur die Dominanz*strukturen* im Arbeits- und Familienleben für eine Verfestigung geschlechtsspezifisch ungleichen Erziehungshandelns und somit für geschlechtsspezifische Jugenddelinquenz verantwortlich, sondern auch die in der jeweiligen Gesellschaft vorherrschenden kulturellen Dominanz*ideologien*. Im Rahmen eines sozio-genetischen Modells gingen Roberts, Caspi und Moffit (2003) davon aus, dass die Rollenübernahme am Arbeitsplatz das eigene Verhalten und auch die Persönlichkeitsentwicklung beeinflusst. Sowohl für Männer als auch für Frauen konnte gezeigt werden, dass der Erfolg und Verantwortung am Arbeitsplatz mit einer erhöhten Dominanzorientierung einhergehen (Roberts 1997). Ross, Mirowski und Huber (1983) definieren zwei Aspekte, die die Zusammenhänge mit den Auswirkungen von Arbeitsplatzstrukturen darstellbar machen: 1) emotionales Klima am Arbeitsplatz, welches sich auf das emotionale Klima in der Familie auswirkt und 2) am Arbeitsplatz erworbene Fähigkeiten und Einstellungen, die auch im familiären Umfeld wirksam werden (Siehe auch Crouter 1994). Demnach werden insbesondere Dimensionen wie Weisungsbefugnis beziehungsweise Kontrolle insofern in die Familie transferiert, als dass Männer, die an ihrem Arbeitsplatz nur ein geringes Maß an Autonomie besitzen, dafür aber kontrolliert werden (also deutlichen hierarchischen Strukturen ausgesetzt sind), die Unabhängigkeit ihrer Kinder weniger schätzen und ihre Kinder auch in stärkerem Maße autoritär erziehen als Männer, die am Arbeitsplatz autonom agieren (Kohn 1995; Cooksey/Menaghan/Jekielek 1997; Grimm-Thomas/Perry-Jenkins 1994). In der vorliegenden Studie wurde erwartet, dass sich das Dominanzerleben von strukturellen Begebenheiten am Arbeitsplatz der Eltern in deren Erziehungsverhalten widerspiegelt und so einen Einfluss auf die geschlechterspezifische Ausprägung von Problemverhalten und Delinquenz nimmt.

Für die Darstellung gesellschaftlich vorherrschender Dominanzideologien wird unter Rückgriff auf die Annahmen der sozialen Dominanztheorie (SDT) das Konstrukt der *sozialen Dominanzorientierung* (Pratto/Sidanius, 1999) herangezogen. Im Rahmen der sozialen Dominanztheorie (SDT) wird postuliert, dass gruppenbasierte soziale Hierarchien in modernen Gesellschaften evolutionär bedingt sind und durch so genannte legitimierende Mythen („legitimizing myths") aufrechterhalten werden (Pratto/Sidanius 1999). Legitimierende Mythen sind spezifische, gesellschaftlich anerkannte Einstellungen, Werte, Ideologien und Stereotype, die als moralische und intellektuelle Rechtfertigungen für soziales Handeln sowie individuelle bzw. institutionelle Diskriminierung dienen. Die individuelle Ausprägung sozialer Dominanzorientierung (SDO) gibt wieder, inwieweit eine Person gruppenbezogene Hierarchien und die Dominanz unterlegener durch überlegene Gruppen generell gutheißt. Im Rahmen unserer Arbeiten wird davon ausgegangen, dass neben den strukturellen Arbeitsbedingungen auch kulturtypische Dominanzideologien einen Einfluss auf die elterliche Ausprägung des HSI und der Geschlechterrollenorientierung ausüben, welche wiederum auf die geschlechtsspezifische Erziehung der Kinder wirken. Das elterliche Erziehungsverhalten wiederum sollte, wie in der Power-Control-Theorie angenommen, einen Einfluss auf die Ausprägung geschlechtsspezifischen Risiko- und Delinquenzverhaltens ausüben.

2. Methode

Diese Untersuchung umfasst drei Messzeitpunkte im Jahre 1999, 2001 und 2004 mit Familien, bestehend aus Vater, Mutter und mindestens zwei gegengeschlechtlichen Geschwistern. Der dritte Messzeitpunkt, auf dessen Daten die Auswertungen für diesen Beitrag vornehmlich zurückgreifen, erstreckte sich von Mai bis November 2004. Es sollten alle Schüler (so genannte „Zielkinder") und deren gegengeschlechtlichen Geschwister und Eltern wieder gewonnen werden, die bereits bei der ersten Erhebung (Welle 1, 1999) befragt wurden. Da die Jugendlichen zu einem Großteil noch eine Schule besuchten, wurde die Befragung erneut in der Schule durchgeführt. Es wurden insgesamt 36 Gymnasien und 4 Gesamtschulen mit gymnasialer Oberstufe kontaktiert. Diejenigen Zielkinder, die nicht mehr zur Schule gingen, wurden telefonisch oder postalisch kontaktiert. Es konnten insgesamt 293 Zielkinder (Alter: $M = 18,56$ Jahre, $SD = 0,79$ Jahre), 278 Geschwisterkinder (Alter: $M = 18,73$ Jahre, $SD = 3,07$ Jahre), 296 Mütter und 272 Väter befragt werden. Die Gesamtzahl vollständiger Familienquadrupel unserer Längsschnittstichprobe (MZP I, II und MZP III) betrug $N = 192$. Die Panelmortalität der vollständigen Quadrupel betrug zwischen erstem und drittem Messzeitpunkt 62,6%.

2.1 Haupt- und Berufsschulstichprobe

Da in der oben beschriebenen Längsschnittstichprobe kaum Varianz hinsichtlich der Arbeitsplatzstrukturen und des sozioökonomischen Status vorzufinden war (die wesentlichen strukturfunktionalistischen Faktoren im Erklärungsmodell), was die Möglichkeit einer Überprüfung der Power-Control-Theorie stark einschränkte, war das Ziel des dritten Messzeitpunkts die sehr homogene Stichprobe der Längsschnitterhebung durch Hinzunahmen von Haupt- und Berufsschülern zu heterogenisieren. Diesem Vorgehen lag die Annahme zu Grunde, dass sich insbesondere Eltern von Hauptschülern in anderen beruflichen und sozialökonomischen Strukturen befinden als Eltern von Gymnasiasten. Zusätzlich zu unserer Längsschnittuntersuchung wurden in einer Erhebung Schüler der 7., 8. und 9. Klasse aus Hauptschulen sowie deren Familien befragt. Die Erhebung der Hauptschulstichprobe begann im Oktober 2004 und erstreckte sich bis Ende März 2005. Von den insgesamt 46 Hauptschulen, die von uns kontaktiert wurden, nahmen 34 Schulen an unserer Studie teil. Trotz der hohen Anzahl der teilnehmenden Schulen erwies sich die Stichprobengewinnung aus zwei Hauptgründen als schwierig: Zum einen war die Anzahl der infrage kommenden Zielkinder in den Hauptschulen geringer als erwartet und zum anderen war nur eine geringe Teilnahmebereitschaft bei den infrage kommenden Schülern zu beobachten. Möglicherweise war der Anreizwert der angepriesenen Verlosung zu gering. Es konnten insgesamt 229 Zielkinder aus Hauptschulen (Alter: $M = 14,34$ Jahre, $SD = 1,04$ Jahre), 121 Geschwisterkinder (Alter: $M = 16,95$, Jahre, $SD = 3,53$ Jahre), 122 Mütter und 108 Väter befragt werden. Die Gesamtzahl vollständiger Familienquadrupel betrug 101.

Ebenfalls zur Heterogenisierung der ursprünglichen Längsschnittstichprobe wurde parallel zur Erhebung der Hauptschulstichprobe im Winter 2004 die Erhebung einer Berufsschulstichprobe begonnen. Diese Zielgruppe war deshalb von besonderem Interesse, da sich die betreffenden Jugendlichen im Übergang zum Berufsleben befinden und somit der Übergang in das Erwerbsleben und die Übernahme der Erwachsenenrolle bevorsteht, was eine gravierende Veränderung in den zentralen Untersuchungsvariablen der Untersuchung nach sich ziehen könnte. Der Fokus bei der Auswahl der Berufsschulen lag auf denjenigen, die vor allem Schüler mit (einfachem oder erweitertem) Hauptschulabschluss ausbildeten. Von den infrage kommenden 36 Berufsschulen konnten wir lediglich 13 Schulen für unsere Erhebung gewinnen. Es konnten insgesamt 78 Zielkinder aus Berufsschulen (Alter: $M = 18,43$ Jahre, $SD = 2,58$ Jahre), 33 Geschwisterkinder (Alter: $M = 18,03$ Jahre, $SD = 4,53$ Jahre), 34 Mütter und 30 Väter befragt werden. Die Gesamtzahl vollständiger Familienquadrupel betrug 29.

Die Stichproben der Längsschnitterhebung, die der Hauptschulstichprobe und die der Berufsschulstichprobe wurden zu einer heterogenisierten Querschnittstichprobe mit 373 Familienquadrupeln zusammengefasst.

2.2 Erhebungsinstrumente

Die zentralen Erhebungsinstrumente des vorliegenden Projektabschnitts werden in der folgenden Tabelle wiedergegeben.

Tabelle 1: Zentrale Erhebungsinstrumente

Konstrukt Quelle	Anzahl der Items/ Range/ Reliabilität	Befragte Person	MZP	Beispiel-Item
Verantwortung für andere Mitarbeiter/Kollegen *(Hagan 1991)*	4 Items 1 (ja) - 2 (nein)	M, V	I, III, A	Leiten Sie in Ihrem Beruf andere Arbeitnehmer (außer einer persönlichen Sekretärin) an?
Anleitung durch Vorgesetzte *(Hagan 1991)*	4 Items 1 (ja) - 2 (nein)	M, V	I, III, A	Werden Sie von jemandem angeleitet?
Familialer Zusammenhalt *(Sagy/Antonovsky 1992)*	12 Items 1 (niedrig) - 7 (hoch) α = .86 - .91	ZK, GK, M, V	I, II*, III, A	In welchem Maß haben Sie das Gefühl, das Familienleben beeinflussen zu können?
Demokratischer Erziehungsstil *(Lederer 1983)*	4 Items 1 (stimmt gar nicht) - 5 (stimmt völlig) α = .48 -.54	ZK, GK	I, II, III, A	Meine Familie ist der Meinung, dass ein Jugendlicher die meisten Entscheidungen selbst treffen darf.
Instrumentelles Kontrollverhalten von Mutter und Vater *(Hagan 1991)*	2 (6) Items 1 (nein, nie) – 4 (immer) α = .84 -.87	ZK, GK	I, II; III*, A	Wissen Ihre Eltern, wo Sie sind, wenn Sie nicht zu Hause sind?
Instrumentelles Kontrollverhalten von Mutter und Vater *(Hagan 1991)*	3 Items 1 (nie) - 4 (immer) α = .82 - .92	M, V	I, III, A	Wissen Sie, wo sich Ihr Sohn/ Ihre Tochter aufhält, wenn er/sie nicht zu Hause ist?
Geschlechtsspezifisches Erziehungsverhalten *(Hoffmann/Kloska 1995)*	6 Items 1 (stimmt gar nicht) - 5 (stimmt völlig) α = .68 - .74	ZK, GK	III	Für meine Eltern war es wichtiger, ihren Sohn dazu zu erziehen, stark und unabhängig zu sein als ihre Tochter.
Traditionelle Geschlechter-Rollen-Orientierung (GRO) *(Krampen 1979)*	7 Items 1 (stimmt nicht) - 5 (stimmt völlig) α = .81 - .86	ZK, GK, M, V	I, II, III, A	Es ist für eine Frau wichtiger, den Ehemann bei seiner Karriere zu unterstützen, als selbst Karriere zu machen.
Risikoneigung *(Hadjar et al. 2001)*	2 Items 1 (stimmt gar nicht) - 5 (stimmt völlig) α = .80 - .83	ZK, GK	I, II, III, A	Ich gehe gern ein Risiko ein.
Problemverhalten in der Schule *(Steiner/Boehnke/Kirchhöfer/Merkens 1993)*	7 Items 1 (nie) - 5 (immer) α = .80 - .83	ZK, GK	I, II, III, A	LehrerInnen / Vorgesetzte absichtlich ärgern

Leistungsorientierung (Boehnke 1988)	3 Items 1 (stimmt gar nicht) - 5 (stimmt völlig) α = .73 - .78	ZK, GK, M, V	I, II*, III, A	Wer keine Leistung bringt, wird auch nicht glücklich.
Egozentrismus (Henning/Six 1977, Otto/ Steiner/Wenzke 1989)	6 Items 1 (stimmt gar nicht) - 5 (stimmt völlig) α = .73 - .78	ZK, GK, M, V	I, II*, III, A	Im Alltagsleben kommt es auf Geld an, ganz gleich, woher es kommt, denn wer Geld hat, ist König.
Konkurrenzdenken (Schwarzer/Jerusalem 1999)	5 Items 1 (stimmt gar nicht) - 5 (stimmt völlig) α = .80 - .86	ZK, GK, M, V	I, II*, III, A	Am liebsten möchte ich in allen Lebensbereichen zu den Besten gehören.
Individualismus (Hui 1988; Hui/Villareal 1989)	3 Items 1 (stimmt gar nicht) - 5 (stimmt völlig) α = .58 - .64	ZK, GK, M, V	I, II*, III, A	Eine Reise mit Freunden führt dazu, dass man weniger frei und mobil ist. Letztlich hat man weniger Spaß.
Soziale Dominanzorientierung (Sidanius 1993; Sidanius/ Pratto 1993)	15 Items 1 (sehr negativ) - 7 (sehr positiv) α = .88 - .89	ZK, GK, M, V	III, A	Es ist kein Problem, wenn manche Personengruppen im Leben mehr Chancen haben als andere.
Ethnozentrismus (Liebhart/Liebhart 1971)	5 Items 1 (stimmt gar nicht) - 5 (stimmt völlig) α = .73 - .78	ZK, GK, M, V	I, II*, III, A	Ganz glücklich kann der Mensch doch nur in seiner Heimat werden.

Anmerkungen: A = Skala wurde in den Fragebögen für Haupt- und Berufsschule genutzt;
* = Zum zweiten Messzeitpunkt wurden nur die Kinder befragt;
M = Mutter, V = Vater, ZK = Zielkind, GK = Geschwisterkind.

2.3 Auswertungen

Um die faktorielle Validität der eingesetzten Skalen sicherzustellen, wurden sowohl explorative als auch konfirmatorische Faktorenanalysen berechnet. Diese Analysen wurden durch umfassende Reliabilitätsanalysen ergänzt, wobei insbesondere die Trennschärfekoeffizienten sowie Cronbachs α und dessen Veränderungen bei Itemselektion herangezogen wurden. Zur Überprüfung von Geschlechtsunterschieden bei den befragten Eltern und Jugendlichen hinsichtlich der für die Überprüfung der Power-Control-Theorie relevanten Indikatoren wurden parametrische Verfahren wie Varianzanalysen und T-Tests eingesetzt. Zur Überprüfung der theoretisch postulierten Beziehungen zwischen den einzelnen Modellkomponenten wurden korrelations- bzw. regressionsanalytische Verfahren eingesetzt. Neben der Überprüfung einfacher bivariater Zusammenhänge mittels Korrelationskoeffizienten wurden multiple Korrelationen und Regressionsmodelle gerechnet. Die Überprüfung der Modellannahmen in ihrer Gesamtheit wurde durch die Anwendung linearer Strukturgleichungsmodelle mit AMOS 5 geleistet. Alle anderen Berechnungen wurden mit SPSS 12 durchgeführt. Um potentiellen Geschlechtsunterschieden Rechnung zu tragen, wurde die Aufteilung der Daten der Jugendlichen in Ziel- und Geschwisterkinder zugunsten einer Umstrukturierung der Daten nach Söhnen und Töchtern aufgegeben.

3. Ergebnisse

3.1 Mittelwertsvergleiche im Längsschnitt

Zur deskriptiven Analyse der Daten wurden jeweils Mittelwerte für Jungen und Mädchen – soweit vorhanden zum I., II. und III. Messzeitpunkt – sowie für Väter und Mütter berücksichtigt. Die Darstellung der Auswertungen beschränkt sich auf die Daten der Panelstichprobe ($N = 192$). Zur Signifikanzprüfung wurden in Abhängigkeit der Datenlage drei univariate Kovarianzanalysen mit den *Within-Subjects*-Faktoren „Geschlecht" (männlich/weiblich), „Generation" (Eltern/Kinder) und „Messzeitpunkt" (I, II, III) sowie der Kovariate „Altersdifferenz der Jugendlichen" gerechnet. Die Ergebnisse sind im Folgenden in Tabelle 2 zusammengefasst. Dabei wurden alle auf dem 5%-Niveau signifikanten Unterschiede berücksichtigt.

Tabelle 2: Signifikante Unterschiede der zentralen Variablen in Hinsicht auf Geschlecht, Messzeitpunkt und Generation

Skala	Geschlecht	Messzeitpunkt	Generation	Interaktionseffekte
Demokratischer Erziehungsstil	nicht signifikant	MZP I > MZP II, MZP II < MZPIII, MZP I < MZPIII		keine
Geschlechts-spezifisches Erziehungsverhalten	Vater > Mutter, Jungen > Mädchen	-- a		keine
Kontrollverhalten (Sicht der Kinder)	Mädchen > Jungen, Mutter > Vater	MZP I, II > MZP III		Geschlecht * Elternteil, Geschlecht * Altersdifferenz, Geschlecht * Elternteil * Altersdifferenz
Instrumentelles Kontrollverhalten	Mädchen > Jungen, Mutter > Vater	-- a		Kind * Altersdifferenz
Traditionelle GRO	Jungen > Mädchen, Vater > Mutter	Kinder: MZP I, II > MZP III, Eltern: MZP I < MZP III	Kinder < Eltern	Geschlecht * Generation, Generation * MZP, MZP * Altersdifferenz

Soziale Dominanz-orientierung	Jungen > Mädchen, Vater > Mutter	-- a	nicht signifikant	keine
Egozentrismus	Jungen > Mädchen, Vater > Mutter	nicht signifikant	Kinder > Eltern	keine
Leistungs-orientierung	Jungen > Mädchen, Vater > Mutter	Kinder: MZP I > MZP II, III	nicht signifikant	Geschlecht * Generation, Generation * MZP, Geschlecht * MZP * Altersdifferenz
Konkurrenzdenken	Jungen > Mädchen, Vater > Mutter	Eltern: MZP I > MZP III	Kinder > Eltern	Geschlecht * Generation, Generation * MZP, Geschlecht * MZP * Altersdifferenz, Geschlecht * Generation, MZP * Altersdifferenz
Individualismus	Jungen > Mädchen, Vater > Mutter	Kinder: MZP II > MZP III b	nicht signifikant	keine
Ethnozentrismus	Jungen > Mädchen, Vater > Mutter	Kinder: MZP I > MZP II, MZP II < MZP III, Eltern: MZP I < MZP III	Kinder > Eltern	Geschlecht * Generation, Generation * MZP
Risikobereitschaft	Jungen > Mädchen	MZP I < MZP II < MZP III		Geschlecht * MZP, Geschlecht * MZP * Altersdifferenz
Problemverhalten in der Schule	Jungen > Mädchen	MZP I < MZP II, MZP II > MZP III		Geschlecht* MZP, Geschlecht * Alters-differenz, Geschlecht * MZP * Altersdifferenz

Anmerkung: a = zu MZP III erstmals erhoben

3.2 Einzelhypothesen und Gesamtmodell

Wesentliche Bedingungen für Geschlechtsunterschiede in der Delinquenzbeteili-gung sind geschlechtsspezifische Erziehungspraktiken in Familien, die ihrerseits ihre Ursache in der Gestaltung und Bewältigung von Arbeits- und Lebensstruk-turen und/oder den mit dieser Ausgestaltung einer gehenden Ideologien haben und die innerfamiliale Wertetransmission meditieren (Hagan et al. 1987). Das hier aufgeführte Grundmodell lässt sich in mehrere Teilhypothesen untergli-edern, welche im Folgenden schematisch dargestellt werden und anschließend nacheinander geprüft werden. Abschließend wird das Gesamtmodell, in dem alle Teilaspekte gleichzeitig enthalten sind, überprüft.

3.3 Einzelhypothesen

Hypothese 1: Es besteht ein Zusammenhang zwischen patriarchalisch struk-
turierter Erwerbsarbeitsbeteiligung der Eltern, deren kulturtypischen Ideo-
logien (Dominanzideologie I) und deren Wettbewerbsorientierung (Domi-
nanzideologie II) sowie deren Präferenzen für individuelle Dominanzideo-
logien (GRO und HSI).

Diese Hypothese ließ sich nur eingeschränkt bestätigen. Unterteilt man die Familien gemäß der Erwerbsbeteiligung der Eltern in zwei Gruppen, lassen sich Familien dahingehend unterscheiden, ob sie (a) eine patriarchalische Struktur aufweisen oder ob (b) die Art der Erwerbsbeteiligung eher als egalitär oder gar
matriarchalisch angesehen werden kann. Dieser Vorgehensweise folgend, zeigt
sich für die Querschnittsstichprobe des III. Messzeitpunktes, dass 170 Familien
eine patriarchalische Familienstruktur aufweisen und 203 Familien als egalitär
eingestuft werden können. Diese Variable „Erwerbsbeteiligung" wurde ebenso
wie die anderen makrosozial geprägten Variablen „Wettbewerbsorientierung",
„Sozioökonomischer Status" und „Soziale Dominanzorientierung" auf ihre biva-
riaten Zusammenhänge mit den individuellen Dominanzideologien „GRO" geprüft (s. Tabelle 3).

Tabelle 3: Interkorrelation der Variablen zu Faktoren des Makrokontextes und
Ausprägungen individueller Dominanzorientierungen

		GRO	HSI Egozentrismus	HSI Konkurrenzdenken	HSI Leistungsorientierung	HSI Individualismus
Erwerbsbeteiligung	Vater	.17**	.13*	.17**	.17**	.08
	Mutter	.18**	.15**	.03	.16**	.02
Wettbewerbsorientierung	Vater	-.17**	-.03	.07	.00	-.09
	Mutter	-.24**	-.13*	.02	-.17**	-.11**
Sozioökonom. Status	Vater	-.39**	-.22**	.01	-.19**	-.28**
	Mutter	-.45**	-.35**	-.05	-.33**	-.23**
Soziale Dominanzorientierung	Vater	.27**	.35**	.32**	.27**	.32**
	Mutter	.22**	.30**	.26**	.24**	.27**

Anmerkungen: * p < .05; ** p < .01; GRO = Traditionelle Geschlechterrollenorientierung; HSI =
Hierarchisches Selbstinteresse

Dabei zeigt sich, dass zwischen der Erwerbsbeteiligung der Eltern und deren Zustimmung zu den individuellen Dominanzorientierungen GRO und den einzelnen Säulen des HSI-Konstrukts positive Zusammenhänge bestehen. Eine patriarchalische Arbeitsteilung der Eltern geht mit stärkeren individuellen Dominanzorientierungen einher. Und auch das Ausmaß der Wettbewerbsorientierung steht in einem Zusammenhang zu individuellen Dominanzüberzeugungen, wie sie im Rahmen der Studie über die beiden Konstrukte HSI und GRO erfasst wurden. Allerdings ist der Zusammenhang entgegen der Annahmen negativ. Eine höhere Statusposition in der Hierarchie am Arbeitsplatz geht mit geringeren Ausprägungen individueller Dominanzorientierungen einher. Diese Zusammenhänge verschwinden jedoch, nimmt man in partiellen Korrelationen den sozioökonomischen Status (SES) mit auf. Der SES der Teilnehmer steht, wie erwartet, in einem negativen Zusammenhang zu allen Variablen, die individuelle Dominanzideologien abbilden, das heißt, je höher der SES der Familie, desto geringer die individuelle Dominanzorientierung der Beteiligten. Eine Ausnahme bildet hier die Subskala „Konkurrenzdenken" des übergeordneten Konstruktes HSI, welche für Väter wie für Mütter nicht mit dem SES korreliert. Erwartungsgemäß ergaben sich zudem zwischen den kulturellen Dominanzideologien und den individuellen Dominanzideologien bedeutsame Korrelationen.

Ein zusammenfassender Blick auf die bisherigen Ergebnisse zeigt, dass sich die von der Power-Control-Theorie postulierten Beziehungen zwischen dem Dominanzerleben am Arbeitsplatz und innerfamilialen Dominanzstrukturen auf der Einstellungsebene nicht replizieren lassen. Vielmehr scheint ein starkes Dominanzerleben der Eltern am Arbeitsplatz mit einem hohen SES und eher liberalen Einstellungen einherzugehen. Daher wurden in unseren Pfadanalysen die Arbeitsplatzstrukturen vollständig durch die Variable des SES ersetzt.

Hypothese 2: Stärkung geschlechtsspezifischer Erziehungspraktiken der Eltern durch patriarchalische Erwerbsarbeitsbeteiligung der Eltern und durch deren Präferenz für Dominanzideologien I+II.

Diese Hypothese ließ sich nicht bestätigen. Eine zentrale Rolle in der Erklärung des „gender gap" wird innerhalb der Power-Control-Theorie dem elterlichen Kontrollverhalten zugeschrieben. Wenn Jungen in einem geringeren Ausmaß als Mädchen elterlicher Kontrolle unterliegen, so sollten sie mehr Möglichkeiten haben, delinquent zu handeln und diese konsequenterweise auch nutzen. Kontrollverhalten wurde im Rahmen der vorliegenden Studie sowohl aus Sicht der Eltern als auch der Kinder erhoben und umfasst das elterliche Wissen darüber, wo sich die Jugendlichen in ihrer Freizeit aufhalten und mit wem sie ihre Freizeit verbringen.

Die Zusammenhänge zwischen der Erwerbsbeteilung der Eltern und den geschlechtsspezifischen Erziehungspraktiken der Eltern wurden varianzanalytisch geprüft. In Familien mit einer patriarchalischen Familienstruktur werden Jungen weitaus weniger kontrolliert als die Töchter. Für Familien, die hinsichtlich der elterlichen Erwerbsbeteiligung als egalitär eingestuft werden können, sollte sich der Geschlechtsunterschied in Bezug auf die elterliche Kontrolle nicht zeigen. Der Geschlechtsunterschied in der Kontrolle wurde über Differenzscores abgebildet, indem der Wert in Bezug auf die Tochter von dem in Bezug auf den Sohn abgezogen wurde. Eine negative Kontrolldifferenz steht somit für eine stärkere Kontrolle der Tochter, ein positiver Wert hingegen indiziert eine stärkere Kontrolle des Sohnes. Die Ergebnisse zeigen, dass Eltern unabhängig von der familialen Erwerbsstruktur generell nur sehr geringe geschlechtsspezifische Unterschiede im Kontrollverhalten zwischen Sohn und Tochter machen. Und auch für die aus der Kindperspektive wahrgenommene Kontrolle durch Mutter und Vater zeigt sich der postulierte Unterschied in der geschlechtsspezifischen Kontrolle nicht. Der von Hagan in Bezug auf die elterliche Erwerbsstruktur postulierte Zusammenhang zwischen patriarchalischer Erwerbsbeteiligung und dem Kontrollverhalten gegenüber Söhnen und Töchtern lässt sich demnach nicht bestätigen.

Im Rahmen der Hypothese wurde jedoch nicht alleinig der Zusammenhang zwischen der Erwerbsbeteiligung und der Ausprägung geschlechtsspezifischer Erziehungspraktiken postuliert, sondern auch angenommen, dass eine stärkere Zustimmung der Eltern zu den individuellen Dominanzorientierungen, wie sie im Rahmen der Studie über HSI und GRO abgebildet werden, auf die geschlechtsspezifische Kontrolle von Söhnen und Töchtern wirkt. Als Kriterium zur differenzierten Darstellung der Zusammenhänge zwischen der Ausprägung individueller Dominanzorientierungen und geschlechtsspezifischer Erziehungspraktiken wurden im Folgenden solche Familien unterschieden, in denen Mütter und/oder Väter in Bezug auf die instrumentelle Kontrolle Unterschiede zwischen ihrem Sohn und ihrer Tochter machen und solchen Familien, in denen angegeben wird, dass die Kinder gleich erzogen werden. Die beiden Gruppen unterscheiden sich bezüglich der Zustimmung zu den individuellen Dominanzorientierungen nur geringfügig. Keiner der Unterschiede erwies sich in diesen Analysen als signifikant. Kritisch anzumerken ist, dass aufgrund der Art der einfachen Differenzbildung alle Familien, die in irgendeiner Weise Mädchen mehr kontrollieren als Jungen, zusammengefasst werden – unabhängig von der Stärke der Geschlechtsspezifität der Kontrolle. Daher wurde in einer anschließenden Analyse eine weitere Form der Gruppenbildung getestet und ein Extremgruppenansatz gewählt. Aber auch bei dieser Vorgehensweise ließen sich keine Zusammenhänge zwischen individuellen Dominanzorientierungen und geschlechtsdifferentiellen Kontrollpraktiken finden.

Hypothese 3: Kindliche dominante Wertevorstellungen werden durch geschlechtsspezifische Erziehungspraktiken der Eltern gestärkt.[2]

Diese Hypothese ließ sich nur eingeschränkt bestätigen. Nach den Annahmen der Power-Control-Theorie wirken sich Unterschiede im geschlechtsspezifischen Kontrollverhalten der Eltern auf die Risikoneigung der Kinder aus. Dabei geht Hagan von einer geringeren Kontrolle der Söhne gegenüber den Töchtern aus. Wie bereits erwähnt, wurde als zentrales Maß für die geschlechtsspezifische Kontrolle die einfache Differenz zwischen der Kontrolle beider gegengeschlechtlicher Geschwister berücksichtigt (Sohn-Tochter). Die Angaben zur elterlichen Kontrolle stützen sich auf Auskünfte der Kinder. Neben diesen Variablen wurden aber auch weitere Erziehungsverhaltensweisen berücksichtigt. So wurde der „demokratische Erziehungsstil" der Eltern als geschlechtsunspezifisches Maß für einen eher egalitären Erziehungsstil sowie der „Familienzusammenhalt" als Maß für das allgemeine Familienklima in die Analyse einbezogen. Alle Angaben erfolgten aus Sicht der Jugendlichen.

Hinsichtlich des Einflusses der Erziehungsvariablen auf die individuellen Dominanzideologien zeigen Pfadanalysen, dass sich die Kontrolldifferenz bei der GRO nur auf die Tochter auswirkt. Während eine große Kontrolldifferenz beim Vater die traditionelle GRO bei der Tochter erhöht, ist bei der Mutter der umgekehrte Effekt zu beobachten. Während das Ergebnis für die Mutter unseren Erwartungen im Sinne der Power-Control-Theorie entspricht, sind die Ergebnisse hinsichtlich des Vaters erklärungsbedürftig. Möglicherweise reagieren Töchter gerade dann reaktant und äußern eine liberalere Einstellung, wenn sich der Vater (und nicht die Mutter) in der Erziehung geschlechtsspezifisch verhält. Ein demokratischer Erziehungsstil wirkt sich sowohl bei Söhnen als auch bei Töchtern erwartungsgemäß reduzierend auf die Traditionalität der GRO aus. Interessanterweise ist dies der Fall, obwohl sich die Einschätzung des demokratischen Erziehungsstils nicht unmittelbar auf die Frage nach einer geschlechtsspezifischen Erziehung bezieht. Vermutlich zeichnen sich aber Familien, die sich durch eine demokratische Erziehung charakterisieren lassen, insgesamt durch ein hohes Maß an Liberalität aus, was sich in der Folge auch in den individuellen Dominanzideologien der Kinder widerspiegelt.

---

2   Aus Gründen der Übersichtlichkeit werden wir uns im Folgenden auf die Darstellung der Ergebnisse in Bezug auf die traditionelle Geschlechterrollenorientierung als individuelle Dominanzideologie beschränken. Die Ergebnisse zu dem Konstrukt des HSI werden an anderer Stelle dargestellt (Ittel/Hess/Kuhl 2006).

Hypothese 4: Es findet eine innerfamiliale Transmission von Eltern auf Kinder im Sinne einer Weitergabe von individuellen Wertekonzepten (GRO) statt.

Diese Hypothese ließ sich bestätigen. Durch die uns zur Verfügung stehenden Quadrupeldaten ist es möglich, Transmissionsprozesse in allen innerfamilialen Geschlechterdyaden abzubilden. Im Folgenden werden die Ergebnisse der Analysen dargestellt, die sich mit der innerfamilialen Transmission von GRO beschäftigt haben. Blickt man auf die deskriptiven Daten, so ergeben sich hierbei bei nahezu allen individuellen Dominanzideologien Geschlechtsunterschiede in der erwarteten Ausprägung. Mit Ausnahme der Leistungsorientierung bei den Eltern, bei der sich kein signifikanter Unterschied zwischen Müttern und Vätern ergab, weisen die männlichen Vertreter einer Generation höhere Dominanzorientierungen auf als die weiblichen.

Zusätzlich wurden Pfadanalysen und Strukturgleichungsmodelle mit den individuellen Dominanzideologien der Familienmitglieder berechnet (siehe Abbildung 1).

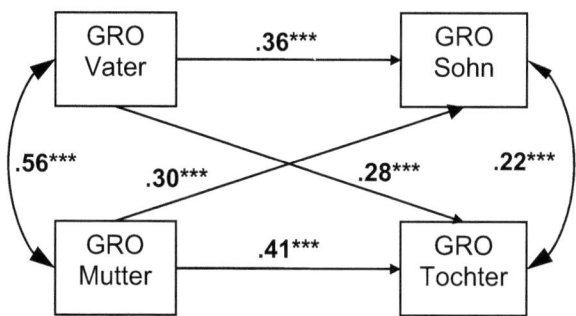

Abbildung 1: Pfadmodelle zu den innerfamilialen Ähnlichkeiten hinsichtlich der trad. GRO (Maximum-Likelihood-Schätzung; standardisierte Koeffizienten; n = 373; Cmin = 374,9; DF = 98; RMSEA = .09; CFI = .82; ***p < .001)

Es zeigten sich für die GRO in allen Dyaden bedeutsame Effekte. Weitere genestete Modellvergleiche konnten für die GRO zeigen, dass der Zusammenhang für die gleichgeschlechtliche Dyade beim Vater ($\beta_{\text{Vater/Tochter}} = .28$. vs. $\beta_{\text{Vater/Sohn}} = .36$) stärker ausgeprägt war als für die gegengeschlechtliche. Für die Mutter galt dies nicht. Dort ergaben sich für beide Dyaden gleichstarke Beziehungen, trotz der augenscheinlich größeren Differenz der Koeffizienten keine signifikanten Unterschiede. Weiterhin ergaben sich für die gegengeschlechtlichen intergenerationalen Dyaden gleichstarke Assoziationen ($\beta_{\text{Mutter/Sohn}}$ = .30 vs. $\beta_{\text{Vater/Tochter}}$ = .30). Die Ergebnisse deuten insgesamt darauf hin, dass zwischen Eltern und ihren Kindern große Ähnlichkeiten hinsichtlich individueller Dominanzideologien bestehen, auch wenn sich die Kinder bereits im mittleren und späten Jugendalter befinden.

Hypothese 5: Geschlechtsspezifische Delinquenzbeteiligung bildet sich auf der Basis einer geschlechtsspezifischen Präferenz für Dominanzideologien bzw. geschlechtsspezifisch anders ausgeprägten Persönlichkeitsvariablen aus.

Diese Hypothese ließ sich bestätigen. Zur Überprüfung der Hypothese wurden Regressionsmodelle unter Berücksichtigung der Interkorrelationen der unabhängigen Variablen mit Hilfe von AMOS 5 berechnet. Als Prädiktoren fungierten die GRO der Söhne bzw. der Töchter. Als abhängige Variable diente einmal die Differenz im schulischen Problemverhalten und einmal der Ethnozentrismus, der in der vorliegenden Untersuchung als problematisches Einstellungsmuster berücksichtigt wurde.

Die Ergebnisse hinsichtlich der GRO (siehe Abbildung 2) zeigen, dass in Familien, in denen die Söhne eine eher traditionelle GRO äußern, die Geschlechtsunterschiede im delinquenten Schulverhalten größer sind als in Familien mit liberal orientierten Söhnen.

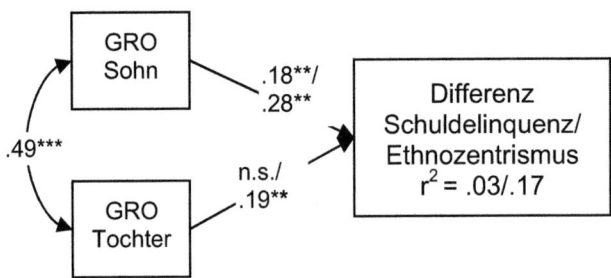

Abbildung 2: Pfadmodelle zu den Einflüssen der jugendlichen GRO auf die Geschlechterdifferenz des schulischen Problemverhaltens bzw. des Ethnozentrismus (Maximum-Likelihood-Schätzung; standardisierte Koeffizienten; n = 373; Schuldelinquenz: Cmin = 98,5; DF = 25; RMSEA = .09; CFI = .89; Ethnozentrismus: Cmin = 94,0; DF = 25; RMSEA = .09; CFI = .90; n.s. = nicht signifikant; **p < .01; ***p < .001)

Dies gilt auch für den Ethnozentrismus. Bei den Töchtern zeigt sich nur für den Ethnozentrismus ein bedeutsamer Effekt. Auch hier geht eine erhöhte traditionelle GRO erwartungsgemäß mit einer erhöhten Geschlechterdifferenz im Ethnozentrismus einher. Diese Ergebnisse sprechen im Sinne einer erweiterten Power-Control-Theorie dafür, dass die Geschlechterrollen eine geschlechtsspezifische Verteilung von delinquentem Verhalten und von Problemeinstellungen bedingen.

3.4 Gesamtmodell

Abschließend stellen wir die Ergebnisse zum Gesamtmodell dar, in dem alle oben dargestellten Teilaspekte des Modells gleichzeitig berücksichtigt werden (s. Abbildung 3).

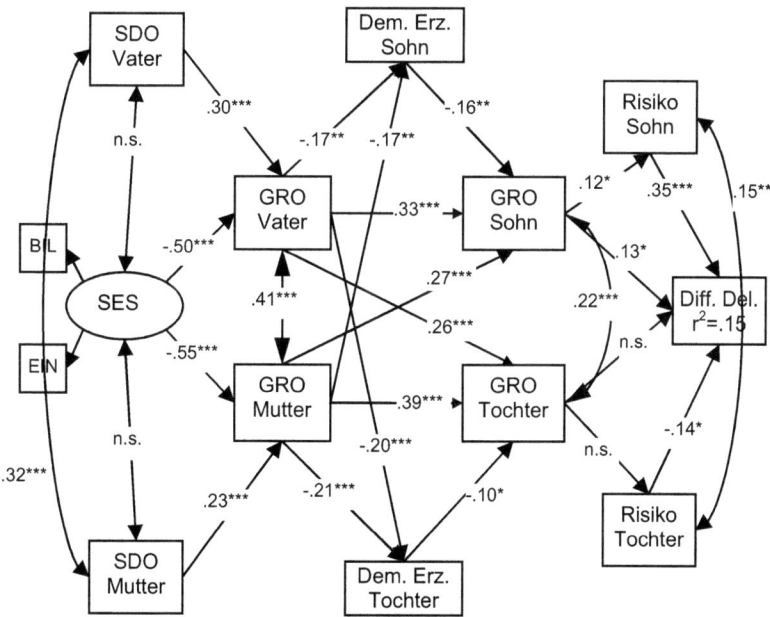

Abbildung 3: Gesamtmodell 1 (GRO) zur Erklärung geschlechtsspezifischer Jugenddelinquenz (Maximum-Likelihood-Schätzung; standardisierte Koeffizienten; n = 373; Cmin = 124,0; DF = 48; RMSEA = .06; CFI = .93; n.s. = nicht signifikant; *p < .05; **p < .01; ***p < .001)

Als strukturelle Merkmale wurde aufgrund der oben dargestellten Ergebnisse der sozioökonomische Status in das Modell aufgenommen. Des Weiteren wurden die Ergebnisse hinsichtlich des Erziehungsverhaltens dahingehend berücksichtigt, dass die elterliche Kontrolldifferenz nicht vermittelnd auf die Beziehung zwischen elterlicher und kindlicher Dominanzideologie wirkt. Dennoch wurde eine Erziehungsvariable, nämlich der „demokratische Erziehungsstil", als mögliche vermittelnde Variable in das Modell integriert. Dieser bezieht sich zwar nicht unmittelbar auf geschlechtsspezifische Erziehungspraktiken, weist jedoch Korrelationen sowohl zu den individuellen Dominanzideologien der Eltern als auch zu denen der Jugendlichen auf und kann somit nach Baron und Kenny (1986) als vermittelnde Variable berücksichtigt werden. Auch inhaltlich lassen sich Argumente für eine Berücksichtigung dieser Erziehungsvariable finden. So beinhaltet ein demokratischer Erziehungsstil nicht nur die gemeinsame und kooperative Aushandlung von Entscheidungen, sondern auch die Gleichbehandlung aller Familienmitglieder, gleichgültig welchen Geschlechts.

Im Folgenden fassen wir die wichtigsten Ergebnisse des Gesamtmodells zusammen. :

- Die traditionelle GRO beider Elternteile wirkt sich auf den demokratischen Erziehungsstil aus. Je traditioneller die Dominanzorientierung ausgeprägt ist, umso geringer wird die Demokratie innerhalb der Familie von den Kindern eingeschätzt.
- Je traditioneller die GRO, desto ausgeprägter die Risikoneigung für Söhne. Bei Töchtern wird der vermutete Zusammenhang, dass eine traditionelle GRO mit einer geringen Risikoneigung einhergeht, nicht signifikant.
- Eine traditionelle GRO der Söhne wirkt sich auf die Geschlechterdifferenz im schulischen Problemverhalten aus, nicht aber die traditionelle GRO der Töchter. Je traditioneller der Sohn in einer Familie orientiert ist, umso ausgeprägter ist die geschlechtsspezifische Delinquenzbeteiligung innerhalb dieser Familie. Diese Ergebnisse stehen in Einklang mit den Annahmen der Power-Control-Theorie. Allerdings wäre zu erwarten gewesen, dass eine hohe traditionelle GRO der Töchter den „gender gap" ebenfalls vergrößert. Dies ließ sich in unseren Ergebnissen aber nicht bestätigen.

Zusammenfassend lässt sich im Hinblick auf das Gesamtmodell konstatieren, dass der „gender gap" in der Delinquenzbeteiligung durch die Zustimmung von Dominanzideologien, hier dargestellt am Beispiel der GRO, mit gewissen Einschränkungen erklärt werden kann.

4. Diskussion und Ausblick

Ein zentrales Problem der Studie bestand darin, dass in den zusätzlich erhobenen bildungsferneren Gruppen zum einen eine wesentlich geringere Bereitschaft zur Teilnahme an der Studie bestand und zum anderen in diesen Schichten insgesamt nur eine eher geringe Anzahl der Familienquadrupel von Vater, Mutter, Sohn und Tochter aufzufinden waren. Für zukünftige Untersuchungen, die zum Ziel haben, eine solch komplexe Stichprobe zu rekrutieren, sollte unbedingt das Anreizsystem zur Teilnahme dahingehend modifiziert werden, dass jeder Teilnehmer eine attraktive Belohnung erhält. Für zukünftige Untersuchungen sollte zusätzlich darüber nachgedacht werden, diese auf den ersten Blick wissenschaftlich äußerst interessante Stichprobenziehung aufzugeben. Es hat sich zu allen drei Messzeitpunkten gezeigt, dass die Auswahlvorgaben zu einer hohen Selektivität und zusätzlichen Homogenisierung der Stichprobe geführt haben.

Durch die vorliegenden Analysen haben sich andere als die im Modell der Power-Control-Theorie als wichtig erachteten makrosozialen Variablen zur Erklärung familialer Sozialisationsprozesse in den Vordergrund gedrängt. Statt der Arbeitsstrukturen stehen der soziale Status des Elternhauses einerseits sowie die Zustimmung zu kulturellen Dominanzideologien andererseits mit der Geschlechtsspezifizität der Erziehung im Zusammenhang. Insbesondere die Bedeutung des sozialen Status innerhalb der Analysen deutet darauf hin, dass die Annahmen Hagans zur Bedeutung der Dominanzstrukturen am Arbeitsplatz zumindest für unsere Stichprobe nur eingeschränkt zutreffen. Nur der Erwerbsstatus der Mutter scheint einen Einfluss auf die elterliche Zustimmung zu traditionellen Geschlechterrollen auszuüben. Auch dieser verschwindet aber, wenn der soziale Status in die Berechnungen gleichzeitig mit aufgenommen wird. Als ein weiteres Fazit der vorliegenden Untersuchungen lässt sich feststellen, dass die Erfassung von Einstellungen und die Abfrage von Erziehungsvariablen in standardisierter Form nicht ausreichen, um die innerfamilialen Prozesse der Geschlechterrollensozialisation im Jugendalter erschöpfend darzustellen. Trotz vorhandener Geschlechtsunterschiede ergaben sich bei zahlreichen Variablen nur unbefriedigend geringe Varianzen. Daher erscheint es sinnvoll, für zukünftige Studien auf Erfassungsmethoden zurückzugreifen, die eine komplexere Einschätzung der geschlechtsspezifischen Erziehungspraktiken ermöglichen. Dazu bieten sich Verfahren an, die die alltäglichen Aktivitäten der Familienmitglieder beispielsweise in Form regelmäßiger Telefonabfragen oder Tagebucheinträge erfassen (z.B. McHale/Crouter/Whiteman 2003). Dadurch wird die Subjektivität der Einschätzungen minimiert und objektivere Verhaltensdaten abgefragt. Selbstverständlich erfordern sie zum einen eine hohe Bereitschaft der Teilnehmer, was wiederum zu einer Stichprobenselektion führen kann, und sind zum anderen auch nicht frei von Verfälschungstendenzen. Das Wissen der Teilnehmer, an einer Studie teilzunehmen, kann das alltägliche Verhalten systematisch verzerren.

Mit den vorliegenden Ergebnissen ist es gelungen, die Power-Control-Theorie in einer erweiterten Version einer empirischen Prüfung zu unterziehen. Dabei konnten unter Rückgriff auf eine heterogenisierte Stichprobe Verknüpfungen zwischen innerfamilialen Sozialisationsprozessen und geschlechtsspezifischem Problemverhalten nachgewiesen werden, wie sie in der modifizierten Theorie postuliert werden. Unter den makrosozialisatorischen Bedingungen rückten auch bei der veränderten Datenlage durch die Heterogenisierung statt der Arbeitsstrukturen, wie in der Power-Control-Theorie angenommen, die sozialökonomische Situation einer Familie in den Vordergrund. Dies betraf vor allem die Zustimmung zu gesellschaftlich vorherrschenden Dominanzideologien und den sozioökonomischen Status der Familien. Beides übte einen wesentlich größeren Einfluss auf die innerfamiliale Sozialisation aus als das Dominanzerleben der Eltern am Arbeitsplatz. Durch unsere Ergebnisse drängt sich eine Verschiebung des konzeptionellen Schwerpunktes – weg von den Annahmen Hagans und hin zum „Family-Stress"-Modell von Glenn Elder (z.B. Conger/Elder 1994) – für die Konzipierung zukünftiger Arbeiten in den Vordergrund. Dieses Modell betont die Bedeutung ökonomischer und sozialer Drucksituationen für die innerfamiliale Stressbelastung, die elterliche Depressionsneigung, die Häufigkeit von Partnerschaftskonflikten und in der Folge die Beeinträchtigung jugendlicher Entwicklungspotenziale. Während Elder in seinen Studien vorrangig psychosoziale Anpassungsprobleme in der Folge familialer Stresssituationen untersucht hat, sind durchaus auch Folgen für das delinquente Verhalten Jugendlicher zu erwarten.

Literatur

Alsaker, F. D./Bütikofer, A. (2005): Geschlechtsunterschiede im Auftreten von psychischen und Verhaltensstörungen im Jugendalter. In: Kindheit und Entwicklung, 14 (3), 169-180.

Baier, D./Hadjar, A. (2004): Wie wird Leistungsorientierung von den Eltern auf die Kinder übertragen? Eine empirische Längsschnittstudie. In: Zeitschrift für Familienforschung, 16, 156-177.

Baron, R. M./Kenny, D. A. (1986): The moderator-mediator variable distinction in social psychological research: Conceptual, strategic, and statistical considerations. In: Journal of Personality and Social Psychology, 51, 1173-1182.

Bertram, H. (1981): Sozialstruktur und Sozialisation. Zur mikroanalytischen Analyse von Chancenungleichheit. Darmstadt: Luchterhand.

Birsl, U. (1994): Rechtsextremismus: weiblich – männlich? Eine Fallstudie zu geschlechtsspezifischen Lebensverläufen, Handlungsspielräumen und Orientierungsweisen. Opladen: Leske + Budrich.

Bohannon, J. R./White Blanton, P. (1999): Gender Role Attitudes of American Mothers and Daughters Over Time. In: The Journal of Social Psychology, 139 (2), 173-179.

Bronfenbrenner, U. (1979): The Ecology of Human Development: Experiments by Nature and Design. Cambridge, Mass.: Harvard University Press.

Bundesministerium des Inneren (Hrsg.) (2004): Polizeiliche Kriminalstatistik. Berlin: BMI.

Chesney-Lind, M. (2004): Girls and violence: Is the gender gap closing? In: National Electronic Network on Violence Against Women. Retrieved März, 3., 2006, 1-8.

Coie, J. K./Dodge, K. A. (1998): Aggression and antisocial behavior. In: Damon, W./ Eisenberg, N. (Eds.): Handbook of child psychology. New York: John Wiley & Sons, 779-862.

Conger, R. D./Elder, G. H. (1994): Families in Troubled Times: The Iowa Youth and Family Project. In: Conger, R. D./Elder, G. H. (Eds.): Families in Troubled Times. Adapting to Change in Rural America. New York: de Gruyter, 9-19.

Cooksey, E. C./Menaghan, E. G./Jekielek, S. M. (1997): Life-course effects of work and family circumstances on children. In: Social Forces, 76 (2), 637-67.

Cramer, P. (1979): Defense Mechanisms in Adolescence. In: Developmental Psychology, 15, 476-477.

Crouter, A. (1994): Processes linking families and work: implications for behavior and development in both settings. In: Parke, R./Kellam, S. (Eds.): Exploring Family Relationships With Other Social Contexts. New Jersey: Lawrence Erlbaum Associates, 9-27.

Decker, O./Brähler, E. (2005): Rechtsextreme Einstellungen in Deutschland. Aus Politik und Zeitgeschichte, 42, 8-17.

Dishion, T. J./McCord, J./Poulin, F. (1999): When interventions harm: Peer groups and problem behavior. In: American Psychologist, 54, 755-764.

Dornbusch, S. M. (1989): The Sociology of Adolescence. In: Annual Reviews Sociology, 15, 233-259.

Eagly, A. H./Steffen, V. J. (1986): Gender and aggressive behavior: A meta-analytic review of the social psychological literature. In: Psychological Bulletin, 100, 309-330.

Ekehammar, B./Akrami, N./Araya, T. (2003): Gender differences in implicit prejudice. In: Personality and Individual Differences, 34, 1509-1523.

Ex, C. T. G. M./Janssens, J. M. A. M. (1998): Maternal Influences on Daughters' Gender Role Attitudes. In: Sex Roles, 38, 171-186.

Grimm-Thomas, K./Perry-Jenkins, M. (1994): All in a day's work: Job experiences, self-esteem, and fathering in working-class families. In: Family Relations, 43, 174-181.

Hadjar, A./Baier, D./Boehnke, K. (2003): Geschlechtsspezifische Jugenddelinquenz. Eine Beurteilung der Power-Control Theory. In: Mansel, J./Griese, H. M./Scherr, A. (Hrsg.): Theoriedefizite der Jugendforschung. Standortbestimmung und Perspektiven. Weinheim, München: Juventa, 174-193.

Hadjar, A./Hoffmann, D./Ittel, A./Morgenroth, O./Baier, D. (2001): Dominanzideologien, Geschlechtsrollen und Delinquenz im Leben Jugendlicher in Toronto und Berlin. Projektbericht des DFG-Projektes. Berlin: FU.

Hagan, J. (1991): Destiny and drift: Subcultural preferences, status attainment and the risks and rewards of youth. In: American Sociological Review, 56, 567-582.

Hagan, J./Gillis, A. R./Simpson, J. (1979): The sexual stratification of social control: A gender-based perspective on crime and delinquency. In: British Journal of Sociology, 30, 25-38.

Hagan, J./Gillis, A. R./Simpson, J. (1987): Class in the household: A power-control theory of gender and delinquency. In: American Journal of Sociology, 92, 788-816.

Hartup, W. W. (1999): Constraints on peer socialization: Let me count the ways. Merrill-Palmer Quarterly, 45, 172-183.

Heidensohn, F. M. (1985): Woman & Crime. New York: New York University Press.

Heitmeyer, W. (1989): Rechtsextremistische Orientierungen bei Jugendlichen. München: Juventa.

Henning, H./Six, B. (1977): Konstruktion einer Machiavellismus-Skala. In: Zeitschrift für Sozialpsychologie, 8, 185-198.

Hoffman, L. W./Kloska, D. D. (1995): Parents' gender-based attitudes toward marital roles and child rearing: Development and validation of new measures. In: Sex Roles, 32, 273-295.

Horkheimer. M. (Hrsg.) (1936): Studien über Autorität und Familie. Forschungsberichte aus dem Institut für Sozialforschung. Paris.

Hui, C. H. (1988): Measurement of Individualism-Collectivism. In: Journal of Research in Personality, 22, 17-36.

Hui, C. H./Villareal, M. J. (1989): Individualism-Collectivism and psychological needs. In: Journal of Cross-Cultural Psychology, 20, 310-323.

Ittel, A./Hess, M./Kuhl, P. (2006): Hierarchisches Selbstinteresse und Delinquenz. Manuskript in Vorbereitung.

Kohn, M. (1969): Class and conformity: A study in values. Homewood, IL: Dorsey.

Kohn, M. (1981): Persönlichkeit, Beruf und soziale Schichtung. Stuttgart: Klett.

Kohn, M. (1995): Social structure and personality through time and space. In: Moen, P./ Elder Jr., G. H./Lüscher, K.: Examining lives in context: Perspectives on the ecology of human development. Washington: American Psychological Association, 141-168.

Krampen, G. (1979): Eine Skala zur Messung der normativen Geschlechtsrollen-Orientierungen (GRO-Skala). In: Zeitschrift für Soziologie, 8, 254-266.

Kulik, L. (2002): Like-Sex Versus Opposite-Sex Effects in Transmission of Gender Role Ideology from Parents to Adolescents in Israel. In: Journal of Youth and Adolescence, 31 (6), 451-457.

Leadbeater, B. J./Blatt, S. J./Quinlan, D. M. (1995): Gender-linked vulnerabilities to depressive symptoms, stress, and problem behaviors in adolescents. In: Journal of Research on Adolescence, 5, 1-29.

Lederer, G. (1983): Jugend und Autorität. Opladen: Westdeutscher Verlag.

Lerner, R. M./Galambos, N. L. (1998): Adolescent development: Challenges and opportunities for research, programs, and policies. In: Annual Review of Psychology, 49, 413-446.

Liebhart, E. H./Liebhart, G. (1971): Entwicklung einer deutschen Ethnozentrismus-Skala und Ansätze zu ihrer Validierung. In: Zeitschrift für experimentelle und angewandte Psychologie, 18, 447-471.

Lytton, H./Romney, D. M. (1991): Parents' differential socialization of boys and girls: A meta-analysis. In: Psychological Bulletin, 109, 267-296.

Marjoribanks, K. (1987): Ability and Attitude Correlates of Academic Achievement: Family-Group Differences. In: Journal of Educational Psychology, 79, 171-178.

McHale, S. M./Crouter, A. C./Whiteman, S. D. (2003): The family contexts of gender development in childhood and adolescence. In: Social Development, 12 (1), 125-148.

Mears, D. P./Ploeger, M./Warr, M. (1998): Explaining the gender gap in delinquency: Peer influence and moral evaluations of behavior. In: Journal of Research in Crime and Delinquency, 35, 251-266.

Moen, P./Erickson, M. A./Dempster-McClain, D. (1997): Their Mother's Daughters? The Intergenerational Transmission of Gender Attitudes in a World of Changing Roles. In: Journal of Marriage and the Family, 59, 281-293.

Moffit, T. E. (1993): Adolescence-limited and life course-persistent antisocial behavior: A developmental taxonomy. In: Psychological Preview, 100, 674-701.

Morash, M./Chesney-Lind, M. (1991): A Reformulation and Partial Test of the Power-Control Theory of Delinquency. In: Justice Quarterly, 8 (3), 347-377.

Mounts, N. S. (2002): Parental management of adolescent peer relationships in context: the role of parenting style. In: Journal of Family Psychology, 16 (1), 58-69.

Nottelmann, E. D./Susman, E. J./Inhoff-Germain, G./Cutler, G. B./Loriaux, D. L./Chrousos, G. P. (1996): Developmental processes in early adolescence: Relationship between adolescent adjustment problems and chronological age, pubertal stage, and puberty-related serum hormone levels. In: Adolescent Medicine, 110, 473-480.

Neumann, L. (2001): Aggressives Verhalten rechtsextremer Jugendlicher. Eine sozialpsychologische Untersuchung. Münster: Waxmann.

Oesterreich, D. (1993): Autoritäre Persönlichkeit und Gesellschaftsordnung. Weinheim, München: Weinheim.

Otto, M./Steiner, I./Wenzke, G. (1989): Berufslaufbahnen, Lebenspläne und Wertorientierungen. Berlin: Forschungsbericht der Abteilung Bildungssoziologie an der Akademie der pädagogischen Wissenschaften. Berlin: APW.

Parke, R. D. (2004): Development in the family. In: Annual Review of Psychology, 55, 365-399.

Pratto, F./Sidanius, J. (1999): Social Dominance: An intergroup theory of social hierarchy and oppression. New York: Cambridge University Press.

Rhee, S. H./Waldman, I. (2002): Genetic and environmental influences on antisocial behavior: a meta-analysis of twin and adoption studies. In: Psychological Bulletin, 128 (3), 490-529.

Rippl, S./Boehnke, K. (1995): Authoritarianism: Adolescents from East and West Germany and the United States compared. In: Youniss, J. (Ed.): After the wall: Family adaptions in East and West Germany. San Francisco: Jossey-Bass, 57-70.

Rippl, S./Boehnke, K./Hefler, G./Hagan, J. (1998): Sind Männer eher rechtsextrem und wenn ja, warum? Geschlechtsunterschiede im Ausmaß fremdenfeindlicher und rechtsextremer Orientierungen: Ein Erklärungsansatz. In: Politische Vierteljahresschrift, 39, 758-774.

Rippl, S./Seipel, Ch. (1999): Gender Differences in Right-Wing Extremism: Intergroup Validity of a Second-Order Construct. In: Social Psychology Quarterly, 62, 381-393.

Roberts, B. W. (1997): Plaster or plasticity: Are work experiences associated with personality change in women? In: Journal of Personality, 65, 205-232.

Roberts, B. W./Caspi, A./Moffit, T. (2003): Work Experiences and Personality Development in Young Adulthood. In: Journal of Personality and Social Psychology, 84, 582-593.

Rommelspacher, B. (1995): Dominanzkultur. Texte zur Fremdheit. Berlin: Orlanda Frauenverlag.

Ross, C. E./Mirowsky J./Huber J. (1983): Dividing work, sharing work, and in-between: marriage patterns and depression. In: American Sociological Review, 48 (6), 809-823.

Sagy, S./Antonovsky, A. (1992): The family sense of coherence and the retirement transition. In: Journal of Marriage and the Family, 54, 983-993.

Schönpflug, U. (2001): Intergenerational Transmission of Values. The Role of Transmission Belts. In: Journal of Cross-Cultural Psychology, 32 (2), 174-185.

Schwarzer, R./Jerusalem, M. (Hrsg.) (1999): Skalen zur Erfassung von Lehrer- und Schülermerkmalen. Dokumentation der psychometrischen Verfahren im Rahmen der wissenschaftlichen Begleitung des Modellversuchs Selbstwirksame Schulen. Berlin: Freie Universität Berlin.

Sessar, K. (1997): Kriminologische Erkenntnisse zur Entwicklung und zum Verlauf von Jugendkriminalität und Folgerungen für die Kriminalpolitik. In: Dünkel, F./van Kalmthout, A./Schüler-Springorum, H. (Hrsg.): Entwicklungstendenzen und Reformstrategien im Jugendstrafrecht im europäischen Vergleich. Mönchengladbach: Forum, 67-85.

Sidanius, J. (1993): The interface between racism and sexism: Attempts at explanation. In: Journal of Social Psychology, 127, 311-322.

Sidanius, J./Pratto, F. (1993): Racism and Support of Free-market Capitalism: A Cross-cultural analysis. In: Political Psychology, 14, 383-403.

Smetana, J. G./Campione-Barr, N./Metzger, A. (2006): Adolescent development in interpersonal and societal contexts. To appear in Annual Review of Psychology, 57.

Snyder, J./Dishion, T. J./Patterson, G. R. (1986): Determinants and consequences of associating with deviant peers during preadolescence and adolescence. In: Journal of Early Adolescence, 6, 29-43.

Starrels, M. E. (1992): Attitude similarity between mothers and children regarding maternal emplyment. In: Journal of Marriage and Family, 49, 435-444.

Steffensmeier, D./Schwartz J./Zhong H./Ackerman, J. M. (2005): An Assessment of Recent Trends in Girls' Violence Using Diverse Longitudinal Sources: Is the Gender Gap Closing? In: Criminology, 43 (2), 355-405.

Steiner, I./Boehnke, K./Kirchhöfer, D./Merkens, H. (1993): Schuljugendliche in Berlin 1993. Arbeitsbericht III. Berlin: FU Berlin/Zentrum für Europäische Bildungsforschung e.V.

Stoff, D. M./Susman, E. J. (Eds.) (2005): Developmental Psychobiology of Aggression. Cambridge: University Press.

Sturzbecher, D./Hess, M./Them, W. (2001): Jugendgewalt und Reaktionen des sozialen Umfelds. In: Sturzbecher, D. (Hrsg.): Jugendtrends in Ostdeutschland: Bildung, Freizeit, Politik, Risiken. Opladen: Leske + Budrich, 182-209.

Svensson, R. (2003): Gender Differences in Adolescent Drug Use. In: Youth & Society, 34 (3), 300-329.

Tenenbaum, H. R./Leaper, C. (2002): Are Parents' Gender Schemas Related to Their Children's Gender-Related Cognitions? A Meta-Analysis. In: Developmental Psychology, 38 (4), 615-630.

Thornton, A./Alwin, D. F./Camburn, D. (1983): Causes and Consequences of Sex-Role Attitudes and Attitude Change. In: American Sociological Review, 43 (4), 211-227.

Trautwein, U./Köller, O./Baumert, J. (2004): Des einen Freud', des andren Leid? Der Beitrag schulischen Problemverhaltens zur Selbstkonzeptentwicklung. In: Zeitschrift für Pädagogische Psychologie, 18, 15-29.

White, F. A. (2002): A new scale: Goal Setting and Behaviour Questionnaire (SGBQ). In: Educational Psychology, 22 (3), 285-304.

Wolfer, L. T./Moen, P. (1996): Staying in school: Maternal employment and the timing of Black and White daughters' school exit. In: Journal of Family Issues, 17, 540-560.

Zeitschrift für Erziehungswissenschaft

Herausgegeben von:
Jürgen Baumert (Schriftleitung),
Hans-Peter Blossfeld,
Ingrid Gogolin (Schriftleitung),
Stephanie Hellekamps,
Frieda Heyting (1998-2003),
Olaf Köller,
Heinz-Hermann Krüger (Schriftleitung),
Dieter Lenzen (Schriftleitung und
Geschäftsführung),
Meinert A. Meyer,
Manfred Prenzel,
Thomas Rauschenbach,
Hans-Günther Roßbach,
Uwe Sander,
Annette Scheunpflug,
Christoph Wulf

Redaktion:
Friedrich Rost,
Eva Wunderlich

Rezensionen:
Yvonne Ehrenspeck

Die Erziehungswissenschaft des 21. Jahrhunderts steht vor einer neuen Herausforderung. Stichworte wie Globalisierung, Ökonomisierung, Neuer Rationalismus, Konstruktivismus, empirische Wende markieren Ereignisse in Gesellschaft und Wissenschaft, denen sich auch eine modernisierte Erziehungswissenschaft stellen muss. Für die Ergebnisse der daraus hervorgehenden Forschungen ein Forum zu schaffen, ist die Absicht der Zeitschrift für Erziehungswissenschaft.

8. Jahrgang 2005 – 4 Hefte jährlich

Jahresabonnement

Privat	EUR 56,00
Institutionen	EUR 66,00
Studentenabonnement	EUR 39,00
Einzelheftpreis	EUR 20,00

Erhältlich im Buchhandel oder beim Verlag.
Änderungen vorbehalten. Stand: Juli 2005.

www.vs-verlag.de

VS VERLAG FÜR SOZIALWISSENSCHAFTEN

Abraham-Lincoln-Straße 46
65189 Wiesbaden
Tel. 0611.7878-722
Fax 0611.7878-400

Handbücher Erziehungswissenschaft

Lehrbücher
Erziehungswissenschaft

Jürgen Raithel / Bernd Dollinger /
Georg Hörmann

Einführung Pädagogik
Begriffe, Strömungen, Leitfiguren
und Fachschwerpunkte
2005. ca. 300 S. Br. EUR 19,90
ISBN 3-531-14702-1

Anders als die meisten Einführungen in
die Pädagogik bietet dieses Lehrbuch
eine stringente und konzentrierte Darstellung ausgewählter Themen. Die Vermittlung von Fakten steht hier deutlich
im Mittelpunkt, was durch die übersicht-
liche Form der Texte wie auch die an-
schauliche Aufbereitung der Informationen ein schnelles Verstehen ermöglicht.
In der Präsentation von Basiswissen ist
der Text gleichermaßen als grundlegende
Einführung zu Beginn des erziehungswis-
senschaftlichen Studiums zu lesen, wie
auch zur Prüfungsthemenfindung und
Prüfungsvorbereitung als Repetitorium für
Examens-, Magister(zwischen)- und
Diplom(vor)prüfungen geeignet.

Helmut Fend

Neue Theorie der Schule
Eine Einführung
2005. ca. 300 S. Br. EUR 19,90
ISBN 3-531-14717-X

Die Einführung in die Theorie der Schule
bereitet die sozialwissenschaftlichen
Grundlagen auf, um Bildungssysteme,

deren Funktionsweisen und Zusammenhänge zu verstehen. Im Rückgriff auf die
Beschreibung des Bildungswesens als
gesellschaftliche Realität in Funktion und
Struktur wird die erweiterte Schultheorie
umfassend und nachvollziehbar dargestellt. Durch die empirische Beschreibung bietet Helmut Fend Studierenden
der Erziehungswissenschaft ein hand-
lungsbezogenes Verstehen der Prozesse
und gibt Anregungen zur zukünftigen
Gestaltung institutionalisierten Lehrens
und Lernens.

Helmut Fend

Geschichte
moderner Bildungssysteme
Eine Einführung
2005. ca. 300 S. Br. EUR 19,90
ISBN 3-531-14733-1

Die Einführung in die Geschichte des Bildungswesens macht in Grundzügen die
Sattelzeiten und Bewegungen sichtbar,
die zu den Besonderheiten eines modernen Bildungssystems geführt haben.
Frühes Christentum und Antike, Mittel-
alter und Renaissance, Reformation und
Aufklärung, Industrialisierung und Moderne entfalten ihre je eigenen Schub-
kräfte zum Ausbau von Institutionen und
zu Erfindungen des Lehrens und Lernens. Die Geschichte der modernen Bildungssysteme ist ein bedeutender Teil
der Kulturgeschichte des Abendlandes.

www.vs-verlag.de

VS VERLAG FÜR SOZIALWISSENSCHAFTEN

Abraham-Lincoln-Straße 46
65189 Wiesbaden
Tel. 0611.7878-722
Fax 0611.7878-400

If you have any concerns about our products,
you can contact us on
ProductSafety@springernature.com

In case Publisher is established outside the EU,
the EU authorized representative is:
Springer Nature Customer Service Center GmbH
Europaplatz 3, 69115 Heidelberg, Germany

Printed by Libri Plureos GmbH
in Hamburg, Germany